自媒体文案写作

从入门到精通

胡华成 ◎ 编著

清华大学出版社
北京

内 容 简 介

本书作者为头条号、新浪号、微博号、公众号、简书号、百家号等众多自媒体平台签约作家，在书中精心分享自媒体文案写作与变现背后的顶级技巧。从标题、正文、配图、分享、打赏，到平台、广告、内容、商品和多种方式的变现，帮你打造多篇10W+、100W+的流量爆款文案，实现年入百万元的梦想。

本书内容虽然基于自媒体文案，但实际是自媒体文案创作更精细的写作方法讲解，通过12种自媒体文案专题课程，108个干货技巧，助力文案小白、传统文案创作者成功进阶、转型，成为自媒体时代的文案大咖！

本书适合自媒体从业者、创业者，特别适合自媒体、新媒体文案感兴趣的人群学习使用。

本书封面贴有清华大学出版社防伪标签，无标签者不得销售。
版权所有，侵权必究。举报：010-62782989，beiqinquan@tup.tsinghua.edu.cn。

图书在版编目(CIP)数据

自媒体文案写作从入门到精通/胡华成编著. —北京：清华大学出版社，2020.8（2024.3重印）
ISBN 978-7-302-56170-5

Ⅰ.①自… Ⅱ.①胡… Ⅲ.①广告文案—写作 Ⅳ.①F713.812

中国版本图书馆CIP数据核字(2020)第143478号

责任编辑：	张　瑜
封面设计：	杨玉兰
责任校对：	吴春华
责任印制：	沈　露

出版发行：清华大学出版社
网　　址：https://www.tup.com.cn, https://www.wqxuetang.com
地　　址：北京清华大学学研大厦A座　　邮　编：100084
社 总 机：010-83470000　　邮　购：010-62786544
投稿与读者服务：010-62776969, c-service@tup.tsinghua.edu.cn
质量反馈：010-62772015, zhiliang@tup.tsinghua.edu.cn

印 装 者：涿州市般润文化传播有限公司
经　　销：全国新华书店
开　　本：170mm×240mm　　印　张：15.25　　字　数：290千字
版　　次：2020年8月第1版　　印　次：2024年3月第4次印刷
定　　价：59.80元

产品编号：069806-01

前言

一、新媒体带火了自媒体

新媒体平台的火爆，如公众号、头条号、抖音号，还有一些音频号等，因为去中心化，给大众带来了更低的创业门槛和更多的表现机会，只要你有一技之长，注册、入驻这些新媒体平台，它们都可以帮你创建自己的媒介平台，让你发声，让你表达，让你能够和全世界零距离对接、对话。

二、写作成了锋利的武器

虽然自媒体的形式日趋多元化，但目前来看，文字写作依然是第一位的，超过80%的自媒体依然以文字创作为主，文字成了吸粉、引流的利器，也成了用户留存、促活、变现的工具。

文字迎来了它最好的时代，也发挥了它最大的价值。文字的一头连接着读者的喜爱，另一头连接着企业的目标，文字成了一座桥——商业变现之桥，如"小小包麻麻"通过多款阅读量10W+的爆文，实现爆款营销3000万元这样的案例不胜枚举。

三、如何写作成了最大的痛点

当人人都可以运营自媒体，人人想当自明星时，如何通过写作突围？文章越来越多，竞争也会越来越激烈，如何让你的文章吸引住别人的眼球？如何找素材？怎么取标题？怎么开头？怎么架构？怎么结尾？怎么增加阅读量、点赞率和分享率？如何利用亿级平台为自己引流？引流后又如何变现？这些痛点都需要解决。

本书正是为解决这些痛点而写的，通过108个技巧，帮您突破自媒体写作的坚冰，杀出重围。

本书由胡华成编著，参与编写的人员还有周玉姣等人，在此表示感谢。

由于作者知识水平有限，书中难免有错误和疏漏之处，恳请广大读者批评、指正。

编　者

目 录

第1章 文案入门：9个要点，开启自媒体创业 1

- 001 自媒体要盈利：内容必不可少 2
- 002 文案组成：文字化的信息表现 3
- 003 文案要求：创造文字的感染力 7
- 004 文案写手：专业的领域创作者 10
- 005 前期任务：市场调研的准备工作 11
- 006 调研阶段：文案优势的倾力打造 14
- 007 优异制胜：5个步骤的完美掌控 15
- 008 文案资源：6个网站的素材信手拈来 18
- 009 写作正循环：5个方面保持高品质输出 25

第2章 文案标题：10种类型，吸引读者眼球 29

- 010 有悬念感，才有吸引力 30
- 011 有冲击力，才能戳中读者内心 32
- 012 思维反常，才会印象深刻 33
- 013 有对比，才能"人有我优" 34
- 014 巧借势，让流量轻松破10W 36
- 015 有疑问，才能引导读者点击 37
- 016 新闻式，只把内容给对的人 39
- 017 数字式，读者一眼就能看见 40
- 018 福利式，让读者觉得赚到了 44
- 019 速成型，读者才有动力去点击 46

第3章 文案正文：15个妙计，引导读者看下去 49

- 020 内容摘要，简简单单激发兴趣 50
- 021 精彩的开头，抓住读者的五大秘诀 53
- 022 写好金句，让读者注意力不再分散 54
- 023 善用短句，让人清晰感知阅读节奏 56
- 024 不缺修辞，押韵、对称才能朗朗上口 58
- 025 兴趣爱好，绑定读者的关注点 59
- 026 切身利益，找准读者关注的理由 62
- 027 以情动人，感动千千万万读者 64
- 028 内容有价值，让读者觉得管用 65
- 029 聊天式，侃侃而谈，阅读更顺畅 66
- 030 总分总式，主题明确更易把握 69
- 031 层递式，阅读层层深入不遗漏 71
- 032 悬念式，让读者坚持阅读到底 72
- 033 疑团式，渴求揭开谜底引导阅读 74
- 034 片段组合式，脉络清晰更易吸睛 76

第4章 文案图片：9个对策，安排精美配图 81

- 035 图片搭配，整齐一致让人赏心悦目 82

036	图文间距，合适才有最佳视觉效果 83
037	图片配色，合理搭配才能感觉耐看 85
038	动图特效，让文案表达能力更强大 87
039	长图文效果，激发读者收藏的加分项 88
040	图片创意化，才能吸引更多读者收藏 91
041	图片代入感，让读者能够融入其中 92
042	图片趣味化，让整篇文案鲜活起来 92
043	图片场景感，让读者如身临其境 93

第 5 章 分享打赏：7 种手段，引爆读者让互动升级 95

044	首尾呼应，才能印象深刻 96
045	号召用户，才有强感染力 97
046	推送祝福，打动读者内心 98
047	抒发情感，引起读者共鸣 99
048	展示外在形象，刺激读者打赏 101
049	巧妙设置，让打赏逐渐形成习惯 104
050	互惠心理，引导读者主动付费 105

第 6 章 文案广告：6 种技能，让读者喜欢并争相购买 109

051	人格魅力，让读者甘愿为带货开绿灯 110
052	直白推广，避开内容雷区以免惹怒读者 112
053	商品表现，三大方面提升带货容忍度 116
054	迎合需求，让读者乐于点击和购买 119
055	抓住卖点，撰写 4 种高转化率文案 120
056	打造卖点，从无到有撰写高转化率文案 126

第 7 章 文案引流：11 个诀窍，引爆自媒体流量 131

057	筛选价值大的用户群，这样才能赚得多 132
058	定义用户需求优先级，做好产品准备 133
059	总结用户各项属性，精准描绘用户画像 134
060	探索用户的行为路径，更好地服务用户 136
061	进行用户的分级管理，让推广更精准 136
062	尽量提高用户满意度，才能提升复购率 137
063	挑选好的"种子"用户，帮助推广 138
064	目标量化获取初始用户，用户渐渐增长 139
065	免费与付费并行，促进用户快速增长 140

066 让排名优化，才能被更多读者
看见 140

067 进行巧妙应对，让下降排名迅速
回升 143

第8章 渠道变现：9种策略，收割各平台盈利 147

068 社交媒体，轻松赢得广告与内容
收益 148

069 今日头条，可以获得多样化的
收益 149

070 百家号，成功上榜"百+计划"
获利 151

071 一点资讯，"点金计划"
助力盈利 152

072 大鱼号，原创的分成与大鱼奖金 ... 154

073 企鹅号，开通收益瓜分百亿元
资金 155

074 网易号，提供流量与加成收益 157

075 搜狐号，可得广告分成与活动
奖金 158

076 小程序，知识付费年赚千万元
很简单 160

第9章 广告变现：7个秘诀，实现百万级变现 163

077 流量主广告，多点击多获利 164

078 品牌广告，广告方获名你获利 166

079 软文广告，于无声无息中变现 167

080 广告联盟，三足鼎立拓宽获利
渠道 167

081 社群收费广告，精准推广变现 169

082 这些广告一定要拒绝，否则
得不偿失 173

083 广告发布要结合场景，才能
更高效 175

第10章 内容变现：7个方法，好内容创造好收益 181

084 平台订阅，好内容能长久获利 182

085 在线教学，通过录制课程吸金 184

086 点赞打赏，可轻松年入百万元 186

087 内容稿费，投稿与出版加权
变现 187

088 专业咨询，一问一答间获得
收益 193

089 第三方支持，提供便捷内容
获利 194

090 平台补贴，跟上脚步快速盈利 195

第11章 商品变现：九大方面，文案带货事半功倍 197

091 自营电商，一手交货一手盈利 198

092 微商代理，无店铺也能卖货
赚钱 200

093 增值插件，仅靠链接就能盈利 202

094 个人体验，引导读者购买产品 202

095 优惠放送，推动读者入场购买 204

096 植入链接，喜欢就能直接购买 206

097 推出同款，影响力助力高销量 209

098 独家产品，让读者争相购买 211

099 聊天式推广，轻松间见产品
收益 215

第 12 章　其他变现：九大高招，招招帮你多赚 219

- 100　企业融资，快速入账千百万元 220
- 101　冠名赞助，自己不花钱还赚关注　221
- 102　MCN 模式，有优势更易变现 223
- 103　代理运营，有手段就能赚钱 224
- 104　众筹模式，获得项目的第一桶金 226
- 105　经纪人模式，绝不亏本的中间商 228
- 106　会员模式，同类中只选择你付费 229
- 107　线下收入，面对面的聚众变现 231
- 108　跨界合作，让收益成倍增长 233

第 1 章

文案入门：9 个要点，开启自媒体创业

> **学前提示**
>
> 俗话说，万事开头难。自媒体文案创业也是如此。当你开始踏上文案创业之路时，可能会彷徨无措，不知从何入手。这是众多想要通过文案创业来获得成功的自媒体人遇到的普遍难题。本章就从这一难题出发，抓住 9 个要点来告诉读者怎么开启自媒体创业。

- 自媒体要盈利：内容必不可少
- 文案组成：文字化的信息表现
- 文案要求：创造文字的感染力
- 文案写手：专业的领域创作者
- 前期任务：市场调研的准备工作
- 调研阶段：文案优势的倾力打造
- 优异制胜：5 个步骤的完美掌控
- 文案资源：6 个网站的素材信手拈来
- 写作正循环：5 个方面保持高品质输出

001 自媒体要盈利：内容必不可少

随着社会信息化进入移动智能时代，每个人都可以成为信息的传播者，信息的发布越来越简易化、平民化、自由化，自媒体便应运而生。自媒体的主要特点凸显在一个"自"字上，自我、自由、自主，利用现代化手段和简单的平台传播信息，可以看作是一个"个人媒体"。

从其特点出发，可以把自媒体看作是一种私人化性质的传播介质。总体来说，它主要具有以下 3 个特点。

第一，私人化，通常以个人为单位运营；

第二，简易化，在手机、电脑上都可操作；

第三，自主化，不受他人思想指挥控制。

回顾自媒体的发展史，从 2014 年自媒体创业开始盈利，到 2015 年自媒体比较完善并形成自媒体创业趋势，后来又发展到 2017 年的自媒体成熟并爆发，直至 2018 年的自媒体行业大清洗，已经可以表明，自媒体未来仍将快速发展，且将更加健康地发展下去。

2019 年之后，自媒体创业将表现出怎样的趋势呢？自媒体创业者会靠什么盈利呢？下面将介绍自媒体创业的一些发展方向。

1. 对颜值的要求降低

随着自媒体的发展和管理的逐渐规范，想要通过自媒体创业来盈利，单纯依靠颜值已经不可能取得成功了，还需要有其他方面的加持，如内容，这样才能形成知识产权（Intellectual Property，IP）。在翻看众多自媒体大号时会发现，他们无一不是依靠有趣的内容来维持高阅读量的。如果只是自媒体人在颜值方面胜出，那么这样的吸引力对读者的影响也只是一时的，无法长时间维持下去。

2. 对内容的要求上升

如果说对颜值的要求降低这一趋势越来越明显，那么与之相对的是，对内容的要求将会持续上升，并逐渐奠定其主导地位。

在内容方面，自媒体创业也表现出 3 个方面的特征，具体如图 1-1 所示。

有价值的内容	对自媒体人来说，并不是任何内容都可以创业成功的，需要在内容上做出选择，如低俗、不道德的内容是应该摒弃的，而有价值的、健康的内容才是自媒体人应该选择的。当然，如果内容具有鲜明特色和在某一领域具有优势，那么将会大大提高创业成功的可能性

图 1-1　内容方面的自媒体创业的 3 个主要特征

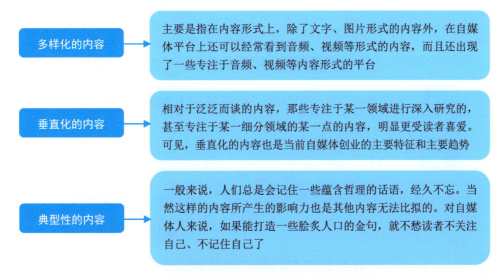

图1-1 内容方面的自媒体创业的3个主要特征（续）

综上所述，对自媒体人来说，要想创业成功，还需在内容上下功夫，因为自媒体创业想要盈利还需依靠内容。抛开打赏、订阅等内容变现方式，其他如广告变现、赞助等方式也是需要有好的内容来支撑的。

002 文案组成：文字化的信息表现

在现代竞争中，精彩的文案往往能够让一个自媒体人或团队脱颖而出。文案是竞争的利器，更是自媒体的核心和灵魂所在。

文案主要来源于广告行业，但是与广告类型的活动策划存在一定的区别，虽然它们都是以文字为主要的表现形式，但是各有侧重，其中文案侧重文字本身意思，而广告类型的活动策划则侧重活动本身内容。

对于自媒体人或团队而言，一个优质的文案可以提升人气和影响力，获得更多的流量和读者，进而提高盈利。下面将从文案概念、工作内容和完整文案的组成出发介绍来文案。

1. 文案概念

文案，最初的意思就是指用于放书的桌子，后来泛指在桌子上写字的人。随着时代的进步，现在所说的文案策划主要是指公司或企业中，从事文字工作的人进行的相关策划。

在实际的写作应用中，文案在内容上是"广告文案"的简称，由英文copy writer翻译而来。广告文案有广义和狭义的区别，如图1-2所示。

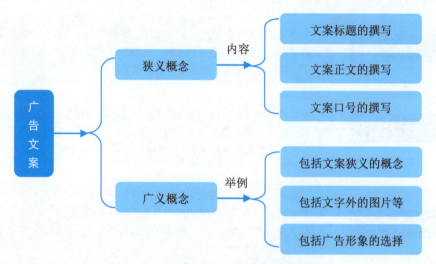

图 1-2　广告文案的广义和狭义概念介绍

2. 文案工作内容

随着各行业对文案的重视程度不断升级，文案成为宣传方式的主角，特别是在广告领域，发挥着越来越大的作用。广告策划一般是由美工和文案共同完成的，两者完成不同的任务，但服务于同一个主题。

图 1-3 所示为某房地产公司的广告文案。简洁的文字搭配精美的图片，突出公司的广告用意。

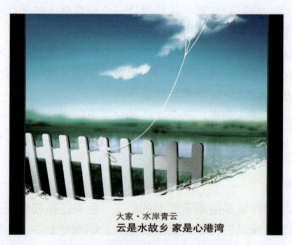

图 1-3　某房地产公司的广告文案

在实际的应用中，除了房地产公司的这种广告口号属于文案之外，还有很多其他领域与文案有着不可分割的关系，具体如图 1-4 所示。

图1-4 与文案相关的多个领域

3. 完整文案的组成

广告公司根据行业需求的不同,创造了种类繁杂的文案类型,比如创意文案、企划文案、品牌文案等。一个完整的文案是广告内容的文字化表现,主要由四部分构成,即标题、副标题、广告正文和广告口号。在此就以广告文案为例,对这四部分进行简单分析,其目的是让读者认识各部分在文案中所起的作用,从而更加深入地了解文案本身。

(1) 标题。

标题是广告文案的主题,在内容上往往也是广告的诉求重点。针对标题,笔者将从其实质意义和内容要求两方面进行分析,如图1-5所示。

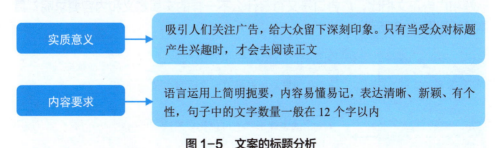

图1-5 文案的标题分析

(2) 副标题。

副标题是相对主标题而言的，是对主标题的补充说明。副标题属于文案的重要组成部分，关系到文案的内容表现，具体分析如图 1-6 所示。

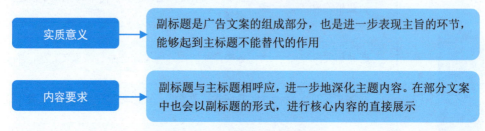

图 1-6　文案的副标题分析

(3) 广告正文。

对于任何行业而言，要想打败竞争对手，占领受众市场，不能没有广告的支持，而广告正文就是广告中最为直接有效的部分，具体分析如图 1-7 所示。

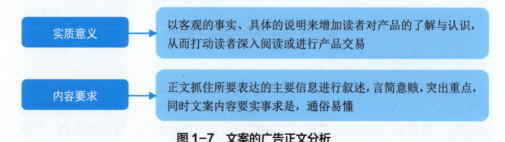

图 1-7　文案的广告正文分析

(4) 广告口号。

广告口号的表现形式就是不断地重复，从而获得一定的宣传效果，属于一种战略性的文字。对于企业而言，口号是推广商品的基本要素之一。广告口号在生活中很常见，比如联想公司的"人类失去联想，世界将会怎样"等。与标题、副标题和广告正文相比，广告口号又有着什么不一样的实质意义和内容要求呢？具体分析如图 1-8 所示。

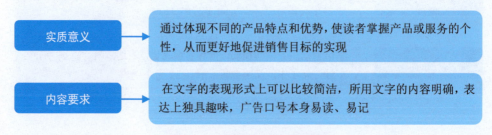

图 1-8　文案的广告口号分析

上文中介绍的广告文案，其实也属于自媒体需要掌握的传播内容之一。除此之外，还有其他方式的传播内容——它们与广告文案大同小异。以其组成部分来看，自媒体文案都包括标题、正文，至于副标题和口号，也会在一些平台的宣传文案中出现，用来进行说明或增强宣传效果。

特别是标题，它是自媒体文案吸引读者的敲门砖，因此，相对于广告文案，它在字数上差异明显，少则几个字，多则数十字，一般来说，最多可达35字。

003　文案要求：创造文字的感染力

文案是内容宣传中较为重要的一个环节，优秀的文案具备强烈的感染力，能够给自媒体带来数倍的收益。在信息繁杂的网络时代，并不是所有的文案都能够获得成功，尤其对于缺乏技巧的文案而言，获得成功并不是轻而易举的事情。

从文案写作的角度出发，自媒体文案的文字感染力来源主要分为4个方面，这4个方面也是自媒体文案作者在撰写文案时要达到的要求。关于这4个方面，具体分析如下。

1. 准确规范的信息

随着互联网技术的发展，每天更新的信息量是十分惊人的。"信息爆炸"的说法就主要来源于信息的增长速度，相关分析如图1-9所示。

图1-9　信息爆炸的相关分析

从图1-9可以看出，每个人每天被动接受的信息量庞大，尤其是广告类信息较为繁杂。对自媒体文案作者而言，要想让文案被大众认可，能够在庞大的信息量中脱颖而出，那么首先要做到的就是准确性和规范性。

在实际的应用中，准确性和规范性是对所有文案写作的基本要求，具体分析如图1-10所示。

准确和规范的信息能够促进广告的有效传播，节省产品的相关资金投入和人力资源投入等，从而创造更好的效益。

2. 精准的内容定位

精准定位同样属于文案的基本要求之一，每一个成功的广告文案都具备这一特点。精准的内容定位能让产品更好地被受众群体所接受,并且潜在用户也会被相关的信息所打动。对自媒体文案作者而言,要想做到精准的内容定位,可以从以下4个方面入手,如图1-11所示。

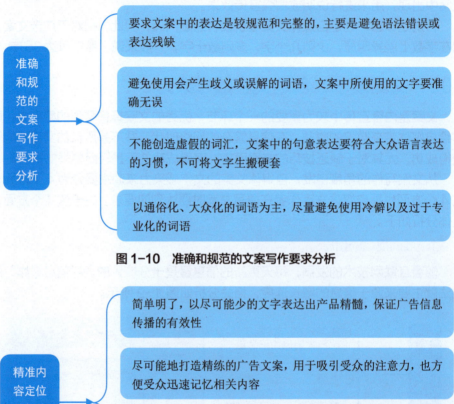

图1-10　准确和规范的文案写作要求分析

图1-11　精准内容定位的相关分析

3. 生动形象的表现

对于自媒体文案的作者来说,尽管文案的核心在于文字,但是搭配生动形象的图片有时也会达到意想不到的效果。图1-12所示为图片的生动形象所起作用的分析。

图1-12 图片的生动形象所起作用的分析

4. 突出主题和创意

在网络信息极其发达的社会中，自主创新的内容往往能够让人眼前一亮，进而获得更多的关注。图1-13所示为对肛泰这一产品"贴脐守护"特点进行宣传的文案内容。

图1-13 对肛泰产品的"贴脐守护"特点进行宣传的文案内容

整个文案文字较少，它用一种创意的表现方式来说明肛泰"贴脐守护"的优质程度，在突出产品主题的情况下，更好地让受众从视觉上接受广告。

创意是为广告主题服务的，所以文案中的创意必须与主题有着直接关系，创意不能生搬硬套，牵强附会。在常见的优秀案例中，文字和图片的双重创意往往比单一的创意更能够打动人心。

对于正在创作中的文案而言，要想突出文案的特点，就需要在保持创新的前提下通过多种方式更好地打造文案本身。一般来说，对文案的要求表现在诸多方面，如词语优美、内容流畅、符合音韵、听觉享受、视觉打造、易于识别、方便传播、契合主题、易于记忆、突出重点等。

004　文案写手：专业的领域创作者

作为专业的文案创作者，属于可策划营销活动、能撰写广告文案的复合型人才，对自媒体的作用和影响是十分明显的。文案写手在类型上主要分为两种，分别是组织内部的雇员和自由撰稿人士，其中以内部工作人员为主。图1-14所示为招聘网站上的文案人员招聘内容。

职位描述

岗位职责：
1、负责公司市场营销活动方案的策划与组织实施，对外宣传资料和文案的撰写
2、根据业务需要制作各种宣传资料，塑造良好企业形象；
3、根据公司市场战略和业务需要制定市场调查计划；

任职资格：
1、新闻、中文、高级文秘等相关专业，大学专科以上学历；
2、熟悉自媒体行业，广告公司创意、文案相关工作经验者优先；
3、具有较强的文案写作能力，出色的文字组织能力，写作经验丰富，有丰富的提案经验；
4、熟悉市场推广、品牌策划、活动策划的整个流程；
5、创意能力强、思维敏捷、善于沟通，具有良好的语言表达能力。

图1-14　招聘网站上的文案人员招聘内容

同时，文案涉及的领域很多，不同的职位所需要的文案人员的能力不尽相同。在职位招聘中，常见的对文案人员的要求主要集中于4个方面，相关分析如图1-15所示。

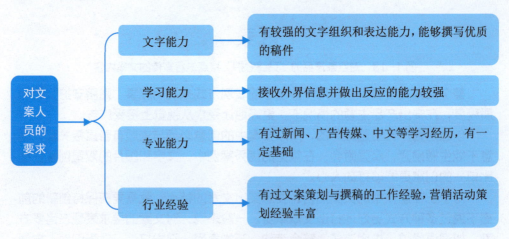

图1-15　对文案人员的要求

另外，文案的工作内容并不是独立存在的，在广告文案的设计中，美工和文案需要各自分工，但是工作的中心是一致的。

作为一个文案的策划者，在平时的工作中怎样进行工作内容的沟通，将自己的创意充分传达给美工，进而让美工用具体的图片或作品表达出来，这是一件有难度的事情。

对于策划人而言，创意往往是独具一格的，甚至无法直接用语言去表达。与之配合的美工却需要充分地理解文案内容，才能够准确完成任务。从文案的角度出发，要想避免美工重复工作，那么在进行需求沟通时要注意 4 个方面的内容，具体如图 1-16 所示。

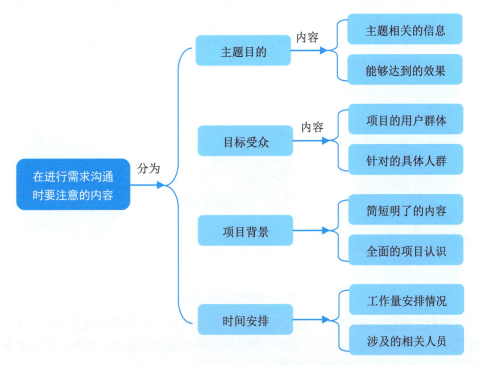

图 1-16　在进行需求沟通时要注意的内容

005　前期任务：市场调研的准备工作

对于自媒体文案作者而言，每一个优秀的文案在最初都只是一张白纸，需要创作者不断地添加内容，才能够最终成型。要想更有效地完成任务，就需要对相关的工作内容有一个完整的认识。也就是说，自媒体文案作者首先需要理顺一些问题，如自己需要做好哪些准备工作、备妥哪些信息才可以开始写作、用什么方式去搜集相关信息和如何想出优秀文案的点子等，然后进行调研，最终完成文案的撰写。

其中，基于各方面问题的思考而进行的市场调研，其目标主要是收集各种数据、资料、信息，比如销售额、市场份额、营利性问题等。要想完成市场调研，同样需要一定的技巧和相关步骤。对自媒体作者而言，前期的准备工作主要集中于三大内容，具体介绍如下。

1. 收集相关资料

所谓收集相关资料，就是以目标群体为中心，收集相关的信息，获得数据支持。对于自媒体文案作者而言，需要在调研前期收集的资料类型有很多种，其中较常见并且有一定借鉴意义的比如企业或产品宣传册等。

如果文案是针对已经生产的产品，那么相关背景资料都需要收集起来进行参考，大致方面如图1-17所示。

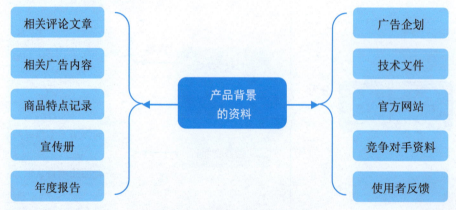

图1-17 产品的相关背景资料收集

在网络时代，从网络上搜索产品信息，并且进行分析整理是最为常见的写作技巧。花费一定的时间去打印资料、阅读网站信息或产品信息，能够让文案作者在写作过程中获得事半功倍的效果。

比如在百度搜索、360搜索引擎中，还可以以关键字的形式搜索，获得更多适合用在文案中的重要信息。善于使用网络工具是自媒体文案作者必备的技能。

2. 提出产品问题

所谓提出产品问题，就是整理与产品相关的资料，并尝试解决提出的问题。为了更好地进行整理，一般情况下对与产品相关的问题进行分析，将会列出完整的清单，以便及时有效地查找相应资料。

在诸多问题中，产品的特色和功效是被主要关注的方面，也是文案内容的宣传重点。一般选择 3 到 4 个功能进行解说即可。图 1-18 所示为《三希堂法帖》的相关解说。

图 1-18 《三希堂法帖》的相关解说

从实用角度分析，文案作者需要了解并提出的相关问题主要有如图 1-19 所示的几个方面。

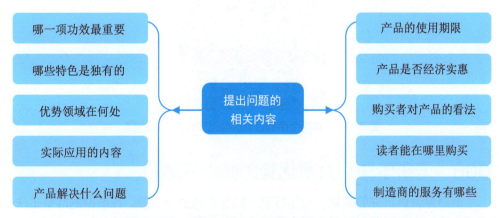

图 1-19 文案作者需要了解并提出的产品问题

3. 明确最终目标

对于文案创作，根据目标的不同会有不同的创作方式，所以在市场调研的准备工作中，明确最终的文案目标是重要的环节。常见的文案目标有 6 种，如图 1-20 所示。

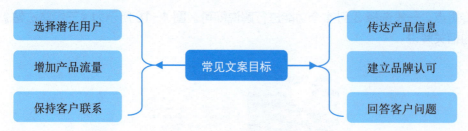

图 1-20 常见的文案目标

在这些常见的目标中，自媒体文案作者可以选择文案的中心目标，即明确产品的主攻方向和实际应用，这样才能实现文案创作的准确性。

自媒体文案作者要注意的是，一个文案可以只有一个中心目标，比如传达产品信息，但是也可以同时有多个中心目标，如增加产品流量和选择潜在用户就可以放在一起，作为一些文案的中心目标，如图 1-21 所示。

图 1-21 有两个中心目标的雀巢咖啡的文案内容

006 调研阶段：文案优势的倾力打造

调研是调查研究的简称，也是打造文案优势的主要阶段。在前期的准备工作完成之后，实际的调研阶段主要分为 3 个环节，即与调查者直接接触、进行相关数据研究和建立信息归档机制。每个环节在实施过程中都需要注意细节。

1. 与调查者直接接触

对于新闻行业而言，与调查者直接接触的重要性不言而喻。这种模式对于调研也是同等重要的。与调查者直接接触调研可分为前期工作、中期工作和后期工作三个阶段，具体如下。

- 前期工作：包括进行约访、确认时间和做足功课。
- 中期工作：包括建立互动和整理信息。
- 后期工作：就是需要与调查者保持联系。

2. 进行相关数据研究

在获得实际的调研数据之后，下一步工作主要就是进行相关数据研究，并将结论体现于文案的内容中。图1-22所示为从用户的反馈信息中得到的结论展示。

图1-22　从用户的反馈信息中得到的结论展示

进行数据分析，可以用自己的话重新组织和思考之前访谈的内容，逐渐建立对产品的特定观点，从而得到结论。除此之外，还可以将信息高度浓缩，尤其是对于关键资料，不需要自媒体文案作者在数据的海洋中慢慢寻找。

数据研究往往是针对长篇文案而言的，对于大部分的短篇文案，比如平面广告、销售信件、宣传册等，其涵盖的卖点有限，也就不需要进行大范围的数据研究，只需进行要点罗列即可。

3. 建立信息归档机制

网络数据往往不太真实，对于自媒体文案作者而言，采用的资料需要进行来源建档，以确保文案的真实性，有些信息归档甚至会通过建立专业的系统来完成。

除了来源于网络的信息需要进行资料来源归档外，其他的资料来源同样适用于归档机制，比如客户或企业提供的资料、产品信息记录，甚至包括调研的对象清单、相关的调研笔记、原稿等。

007　优异制胜：5个步骤的完美掌控

自媒体文案作者的工作，主要是通过构建字句和想法，从而让产品能够达到预期的宣传效果和营销目标。在具体的创作过程中，已经有一系列的标准步骤，可以更好地让文字创造销售力，具体内容如下。

1. 根据情报提炼信息

情报主要来源于调研阶段，提炼的信息则直接应用于文案。从文案创作的角度出发，自媒体文案作者应该从主题资料中提炼重点信息，这是进行文案创作的首要步骤。基于此，就需要寻找和了解主题资料，具体如图1-23所示。

图1-23　主题资料的来源和作用介绍

2. 寻找创新写作模式

文字的创新往往就在于想法的不同搭配，尤其是与图片的共同组合，创造了更多的可能。在文案的写作模式上，一般可以分为3种，分别是文字创新、图片创新以及平实的文字与平实的图片组合后产生的创新效果。

如图1-24所示，以近视眼和戴眼镜的创意广告为例，根据戴眼镜的某一场景进行创新，图片是一个戴眼镜的人拿着东西，表情比较狰狞，搭配的文字也只是普通的叙述，但是两者结合起来，就能更形象地说明近视眼和戴眼镜的尴尬和不便之处。

当你两只手都拿满东西，眼镜又刚好滑落到鼻尖，这时你会挤眉弄眼、面目狰狞地试图将眼镜送回上方，那表情那神态……简直就是行走的表情包。

图1-24　关于近视眼和戴眼镜的创意广告文案

除了文字和图片的组合、在既有想法中搭配出新的组合之外，还可以将两种不同形象的设计组合为一种，通常体现在图片中。图1-25所示为京东的招聘文案。

图1-25　京东的招聘文案

3. 列出详细问题清单

列出详细问题清单不仅在市场调研时起到决定性作用,在写作过程中也能有较大的帮助——清单所列出的问题能够刺激自媒体文案作者思考,进而成为新想法的出发点。

不同的创作者不仅写作时的状态不同,写作方式也往往因人而异。一般情况下,文案创作很难在一开始就获得成功,写得完美无缺。即使是优秀的文案作者,也需要重写多次,才能够将所有的元素归纳到位。

对于文案新手而言,列出详细问题清单更加有必要。尽管文案本身内容或许并不是很多,但是从全面的角度出发,搜索的背景资料应该远多于文案所需。

4. 善于联合合作对象

在文案人员需要联合的合作对象中,美工是至关重要的。美工主要负责图像内容,在自媒体文案中的作用十分突出。

术业有专攻,对于文案人员而言,善于联合合作对象,是完成文案任务的必要步骤。没有美工的帮助,即使文案人员写出了优质的文字或内容,也很难达到预期的文案效果。

5. 倾听别人的相关建议

即使是大侦探福尔摩斯,也同样需要华生医生在某些时候提供帮助或者意见。对于文案写手而言,在写作过程中或者文案完成之后,倾听别人的相关建议也比较重要，相关分析如图1-26所示。

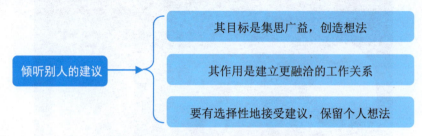

图1-26 倾听别人的建议的分析

所有的步骤都是为了创作更好的文案，通过有价值的信息的汇集，来帮助文案作者进行深层次思考。

008 文案资源：6个网站的素材信手拈来

很多自媒体文案作者在坚持一段时间后，发现灵感逐渐枯竭，也不知道从哪里去找素材，此时应该怎么办呢？在笔者看来，自媒体文案作者可以试着从埋头写的状态中解脱出来，去看一看其他人是如何保持持续输出文案的。

当然，自媒体文案作者可能在水平和能力上存在差异，但是这些都是可以通过学习来提升的。特别是在网络发达的时代环境下，完全可以寻找一些资源丰富和实用的网站去学习。因此本节将介绍6个自媒体文案作者常用的网站，从此让素材信手拈来。

1. 易撰：聚集超多视频的自媒体平台

在易撰这一网站上，自媒体文案作者可以获得多种服务和资源。当然，该网站上的功能权益也是有免费和付费之分的，其中，数据服务分析类与部分辅助工具类是付费的，用户登录后需要加入会员才能享用。在此，笔者就从免费功能权益出发，举例进行介绍。

(1) 编辑器。

数据服务分析类、编辑器和辅助工具类是易撰的三大功能权益板块，其中编辑器中的功能权益是全部免费的，包括接力编辑、导入Word/URL、预览等辅助功能和深度搜索，具体介绍如图1-27所示。

图1-27中介绍的深度搜索，其涉及的类型和平台有很多，下面以构图这一关键词为例进行搜索，图1-28所示为选择"知识"类型和"百度百科"平台后的深度搜索结果页面。

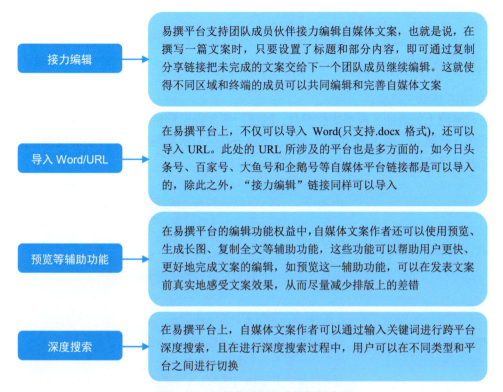

图 1-27 易撰的编辑器功能权益介绍

图 1-28 以关键词"构图"为例的深度搜索结果页面

自媒体文案写作从入门到精通

专家提醒

在深度搜索中，有时用户选择的类型不同，下方所显示的平台也会不同。

(2) 辅助工具类。

易撰上的辅助工具类功能权益，除了付费的视频批量下载、视频解析下载和视频下载器 PC 端 3 项功能权益外，还有一些是有次数限制的免费功能权限，如标题助手和质量评定，具体介绍如图 1-29 所示。

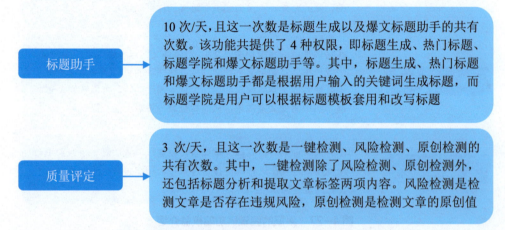

图 1-29　易撰的免费的辅助工具类功能权益介绍

除了这些免费的功能权限外，易撰还有一些其他可以在免费情况下利用的功能，如免费风景图库、热点热词和明日发现等。例如热点热词，自媒体文案作者可以从中寻找各种热点，然后根据自带流量的热点、热词打造文案内容，这样就能提升文案的阅读量。又如明日发现，平台列出了本月后期的营销热点事件，为自媒体文案作者提供未来可能的热点，有利于作者提前搜集资料和准备宣传内容。

2. 学而行营销网：自媒体运营必备的素材网站

学而行营销网，是一个能为自媒体文案作者提供众多技巧和案例的网站。在该网站上，用户可以通过网站首页上方的各个板块分类查找需要的素材和资源。图 1-30 所示为学而行营销网首页的"广告与文案"下的类目展示。

用户点击某个类目，就可进入相应页面，就能看到该类目下的各种技巧、规则、资源和案例，这些都能为自媒体文案作者提供借鉴作用。图 1-31 所示为学而行营销网的"广告策划"类目页面。自媒体文案作者可以在该页面上按照时间顺序查看相关文案，也可以查看该领域的热门文章。

图 1-30　学而行营销网首页的"广告与文案"下的类目展示

图 1-31　学而行营销网的"广告策划"类目页面

3. 文案狗：让您取名、找 slogan 不再难

对自媒体文案创作者来说，文案狗也是一个非常实用的资源网站。具体来说，文案狗提供的资源主要包括 3 类，即导航犬、谐音找句和个性网名，下面将分别进行介绍。

(1) 导航犬。

在"导航犬"页面，网站主要提供了 3 种类型的资源查找途径，即营销与创意、素材设计类和微信账号，如图 1-32 所示。

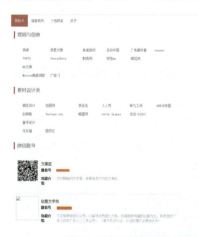

图 1-32　文案狗的"导航犬"页面

页面上显示的这些信息都是平台推荐的可以利用的网站和自媒体账号等，点击某个网站和账号，将会跳转至相应网页，从中查找素材和资源，获得灵感和技巧，从而写出更具创意和价值的文案。

(2) 谐音找句。

自媒体文案作者可以利用“谐音找句”收集各种具有创意的谐音文案和广告语，相信有需要的用户可以从中获取灵感，找到一个让自己满意、让读者青睐的宣传金句。

在“谐音找句”页面，包括 3 个方面的内容，即谐音工具、谐音案例和拼音导航。其中，“谐音工具”区域显示的谐音工具有 3 类，即常用成语、诗词名句和俗语大全，自媒体文案作者可以从中选择一种或多种进行查看，然后找出合适的谐音词语或句子作为文案内容。图 1–33 所示为以“游”字为例的谐音查询结果页面。

图 1–33　以“游”字为例的谐音查询结果页面

将鼠标放在右侧显示的查询结果上，就会显示原来的词语，方便大家了解谐音词语或句子的来源。

在“谐音工具”下方，显示的是“谐音案例”，它根据各个场景，呈现不同的文案示例，如图 1–34 所示。

谐音案例

场景	文案示例
狗狗、宠物相关 可选字：狗(gou)	勇汪直前 /勇往直前 兴汪发达 /兴旺发达 不如相汪于江湖 /不如相忘于江湖
房地产相关 可选字：房(fang)、居(ju)	男儿志在四房 /男儿志在四方 房患未然 /防患未然 别居一格 /别具一格
服装鞋帽相关 可选字：衣(yi)、裙(qun)、鞋(xie)	人生得衣须尽欢 /人生得意需尽欢 裙贤毕集 /群贤毕集 鞋手合作 /携手合作
饭店餐馆相关 可选字：吃(chi)、食(shi)、面(mian)	吃之以恒 /持之以恒 黄金食代 /黄金时代 千年修得共枕面 /千年修得共枕眠
孕儿母婴相关 可选字：孕(yun)、婴(yin)	应孕而生 /应运而生 孕孕众生 /芸芸众生 婴材施教 /因材施教
手机数码相关 可选字：机(ji)	成机思汗 /成吉思汗 千方百机 /千方百计 一机之长 /一技之长
旅游旅行 可选字：游(you)	应游尽游 /应有尽有 游心冲冲 /忧心忡忡 前所未游 /前所未有

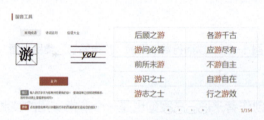

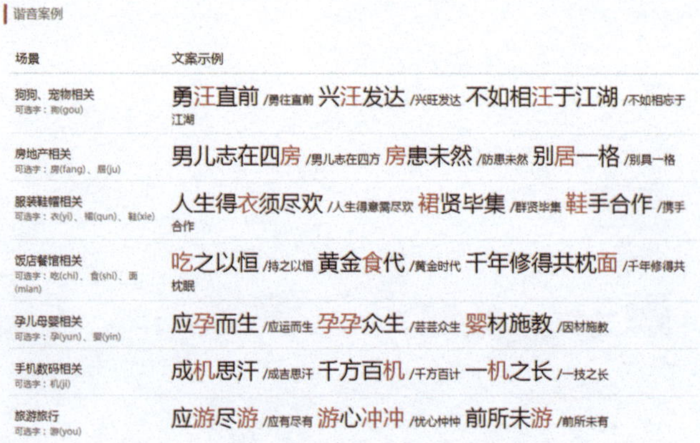

图 1–34　文案狗的“谐音案例”区域

在"谐音找句"页面，除了"谐音工具"和"谐音案例"外，还有"拼音导航"——它依照英文字母顺序（共 21 个，无 i、u、v），展现了各种汉字拼音（没有标明声调）。自媒体文案作者可以根据自身平台和内容的需要，点击不同的拼音进行查找。

(3) 个性网名。

在"文案狗"网站上，点击"个性网名"按钮，进入"个性网名/游戏 ID 生成工具"页面，自媒体文案作者可以通过"精确模式"和"谐音模式"来生成个性网名。图 1-35 所示为文案狗的"个性网名"页面。

图 1-35　文案狗的"个性网名"页面

4. 广告门：在线媒体及产业互动资讯服务平台

说到广告门，其实，它也是文案狗的"导航犬"中推荐的一个网站。作为我国广告行业领先的在线媒体及产业互动资讯服务平台，广告门的"行业观察""案例库"和"指数"等板块，能为自媒体文案作者提供行业指导、广告案例、广告门指数等信息，如图 1-36 所示。

图 1-36　广告门网站

5. TOPYS：新鲜创意资讯，扩充你的灵感库

与广告门一样，TOPYS 也是文案狗的"导航犬"中推荐的一个网站。该网站上有各种各样的创意资讯与文案，这些都是自媒体文案作者获取素材的源泉。在此笔者主要从"发现"和六大类别出发来分享 TOPYS 的一些资源，希望能帮助读者更快地找到自己需要的素材。

(1) 发现。

在 TOPYS 网站上，把鼠标指向页面上方的"发现"标签，就会弹出一个下拉列表，如图 1-37 所示。

图 1-37 "发现"标签的下拉列表

从图 1-37 中可以看出，该下拉列表中不仅包括"名人访谈""独家合辑""专栏""百赞必看"四大类型，下方还显示了 19 个受用户喜爱的热门标签。用户只要点击某一标签，就会进入相应页面。图 1-38 所示为热门标签"语不惊人死不休"的部分内容展示。

图 1-38 热门标签"语不惊人死不休"的部分内容展示

(2) 六大类别

此处的六大类别指的是显示在 TOPYS 网站页面上方的"创意""设计""商业""艺术""文化"和"科技"。自媒体文案作者可以点击相应类别，查看不同的创意文案和资讯，了解不同的技巧。图 1-39 所示为"创意"类别下的文案与资讯展示页面的部分内容。

图 1-39 "创意"类别下的文案与资讯展示页面的部分内容

009　写作正循环：5 个方面保持高品质输出

自媒体文案作者在掌握了上述 8 个要点之后，已经对文案写作有了模糊的认识和找到了入门的方法，并准备以热情、饱满的姿态投入文案创作中。此时，可能有人会担心，如果在运营自媒体的过程中写作断层了，怎么办？如何才能保持高品质的输出呢？本节笔者就从这一层面来进行介绍。

1. 有目标，才有动力

一个没有目标的人，注定是活得庸庸碌碌的人。有了目标和理想，才能有动力去努力奋斗。对自媒体文案作者而言，如果对自媒体创业之道没有任何目标和规划，那么将会是永远处于自媒体创业底层的人，即使可能有几篇爆文，也不会取得太大的成功。因为他还没有明白在自媒体领域，怎样才能算作成功。

自媒体文案作者只有在不同阶段设立不同的目标，并一直督促自己朝着那个目标前进，才能在文案创作过程中坚持下来。自媒体人应该怎么设定目标呢？

在笔者看来，可从两个方面着手：一是可以从"名"的角度出发，设定目标为：原创作者——知名原创作者——垂直领域专家——行业大咖。自媒体人可以先做有积累的原创作者；然后一步步提升，在某个领域中积累一定数量的粉丝，做有一定名气的原创作者；之后随着自身能力的提升，对垂直领域有了比较深入的研究，名气增大，就可成为垂直领域专家。

到了这一层面，自媒体人可能会遇到瓶颈或缺乏机遇，难以成为行业大咖。因此，有人就认为，行业大咖这一目标太高，可以作为前进的动力，但是不一定要实现。其实，可能有些自媒体人就会满足了，这就是他们设定的终极目标，至于后期的行业大咖这一目标，可有可无。

二是从"利"的角度出发，设定目标为：微博的流量广告收入和平台补贴——打赏收入——讲师线上授课收入——其他品牌合作广告收入——……企业融资收入。自媒体人在注册各种平台之后，只要成为原创作者，即可通过发表文章获得流量广告收入和平台补贴，只是此时的收入比较微薄，但也聊胜于无。

然后在粉丝增多的情况下，创作优质的、深受读者喜爱的原创文案，就能在原有的流量广告收入和平台补贴基础上，增添不菲的打赏收入。随之即可按照自己设定的目标一步步让收入提升，此时既可把自媒体文案创作当作业余创业之道，也可当作全职工作来运营了。当然，与从"名"的角度设定的目标一样，最后的企业融资收入并不是有目标、又决心就能获得的，因此，在笔者看来，自媒体人无须灰心，只要朝着这一目标努力了即可。

2. 不怕，敢做

很多人在开始做某件事或面对新事物时，总会有畏难心理：对某一件事不了解，担心自己做不好，因而就放弃了，完全没有面对未知的坎坷和挫折的勇气。其实，完全没有必要害怕和恐惧，特别是在面对新事物时，因为大家都站在同一起跑线上，要相信，别人能做好，自己也能做好，且可能比别人做得更好。

从事自媒体文案写作的人也是如此，首先需要有勇气去面对，不要害怕失败，也不要害怕读者不喜欢你的文案。自媒体文案作者应该在创作的过程中鲜明地表明自己的态度，不要为了迁就读者或害怕读者不喜欢而一味地迎合读者（当然在此并不是鼓励大家标新立异，而是让自媒体作者把自己的心声和读者的痛点表达出来）。

3. 时刻保持好奇心

在创作自媒体文案时，有一个技巧，那就是取标题时要用各种方法激起读者的好奇心。其实，作为自媒体文案作者，不仅需要通过文案激起读者的好奇心，还需要让自己时刻保持好奇心。

(1) 好奇心让人发现美。

罗丹说："生活中不是缺少美，而是缺少发现美的眼睛。"那么，人们怎样才能让眼睛发现生活中更多的美呢？在笔者看来，好奇心就是让人们不断发现美的动力所在。

对生活充满热情和好奇心，就会引导自己走出去，就会发现生活中平凡与惊奇并存。然而不管是平凡还是惊奇，美都无处不在——平凡之中有雅俗共赏、平淡之美，惊奇之处有阳春白雪、瑰丽之美。

(2) 好奇心催人奋进。

如果一个人总沉浸在自己的世界里，不利用好奇心去挖掘问题和解决问题，那么只会原地踏步，最终落后于人。因此，在生活和工作中，正确的做法是：细心地去感受生活，去发现生活中无处不在的问题，并找准一个方向，一步步解答问题并不断深入研究，这样才能透彻地了解某一问题或领域。

就如"手机摄影构图大全"微信公众号的创始人构图君，其之所以能成为摄影构图领域的专家，为读者分享了300多种构图技法，好奇心是不可或缺的因素。一个最初并不懂摄影的人，然后一点点地去了解，小到一个个基本概念，大到一个个技法和实拍，构图君都没有放过，并在学习摄影和摄影构图的过程中不断发现问题和解决问题。

他总是在一遍遍地问自己：别人为什么拍得这么美？是用什么技法拍的？我应该怎么拍才能做到这一点，还有什么让照片更美的方法吗？随着这些问题的不断解决和不断循环出现，最终在自媒体创业上，构图君走出了一条属于自己的路。

(3) 好奇心让思想革新。

在好奇心的驱使下，人们的思想在不断革新，经意间或不经意间，一个个想法从脑海中涌现出来。自媒体文案作者要做的就是把这些想法都一一记录下来，防止遗忘，然后在发现自己无话可写或没有素材和资源的时候，试着从记录的想法中去找灵感、找素材，然后基于一个或多个想法来撰写，也是有可能写出爆款文案的。

4. 做到全面坚持

不少人做事总是半途而废，当遇到挫折和困难时，就转向另一个自以为很有前景的方向。其实，做任何事都是会遇到困难的，但是为什么同样是面对这些困难，有的人成功了，有的人却一事无成呢？其原因就在于每一次面对困难时是否坚持下来了。

自媒体人要想在文案创业之路上走得更远，就需要在思想和行动上把坚持这一思想贯彻到底。特别是在思想上，先要坚定地走向目标，把所有想要放弃的思想摒除在外，利用坚定的意志，一步步积累素材，写好文案，做好传播，才会有所成就。

5. 行动上专注

所谓行动上专注，指的是一个人不可能全面精通，自媒体账号的目标读者共同需要的也是某一方面的内容，因此，自媒体文案作者在撰写文案时，应该专注于某一细分领域的不断挖掘，才能让读者觉得你是专业的，是在认真为读者分享内容，而不是敷衍了事地进行简单的综合。

当然，想要做到行动上专注，首先还需自媒体文案作者对自身账号有一个非常清晰的定位，这样才能朝着特定的方向努力。

同时，此处所说的行动上专注，除了专注细分领域进行挖掘之外，还有一层意思就是在写作时要保持全身心投入的状态，而不被其他事情打扰。只有做到了这一点，打造高品质文案的效率才会更高。

第 2 章

文案标题：10 种类型，吸引读者眼球

> **学前提示**
>
> 随着移动互联网的快速发展，信息也越来越多，人们接触各类信息的时间也随之增多，个性化阅读越来越明显。在这样的情况下，自媒体人应该怎么做才能让读者不忽略你呢？撰写一个好的自媒体文案标题，才能抓住读者的眼球。

- 有悬念感，才有吸引力
- 有冲击力，才能戳中内心
- 思维反常，才会印象深刻
- 有对比，才能"人有我优"
- 巧借势，让流量轻松破10W
- 有疑问，才能引导读者点击
- 新闻式，只把内容给对的人
- 数字式，读者一眼就能看见
- 福利式，让读者觉得赚到了
- 速成型，读者才有动力去点击

010 有悬念感，才有吸引力

好奇是人的天性，悬念式标题就是利用人的好奇心来打造的，可以抓住读者的眼球，进而提升读者的阅读兴趣。

标题中的悬念是一个诱饵，可以引导读者阅读文章内容，因为读者看到标题中有没被解答的疑问和悬念时，就会忍不住想要知道它到底是怎么回事。这就是悬念式标题的套路。

悬念式标题的自媒体文案在人们的日常生活中应用非常广泛，也非常受欢迎。人们在看电视剧、综艺节目的时候也会经常看到一些节目预告之类的广告，这些广告就会采取这种设置悬念标题的方式引起观众的兴趣。利用设置悬念来撰写自媒体文案标题的方法通常有 4 种，如图 2-1 所示。

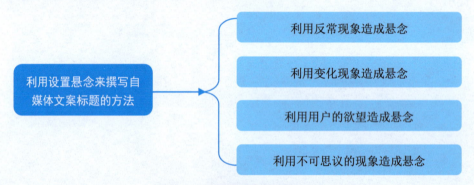

图 2-1 撰写悬念式标题的方法

在标题中设置悬念主要是为了增强内容的可读性，因此自媒体文案作者在使用这种类型的标题时，一定要确保文案内容确实能够让读者感到惊奇和充满悬念，否则就会引起读者不满，继而让读者产生疑问，影响自媒体平台在读者心中的美誉度。

> **专家提醒**
>
> 文案的悬念式标题如果仅仅只是为了悬疑，一般只能够博取大众 1～3 次的眼球，很难保持长期的效果。如果内容太无趣、无法达到文案引流的目的，那就是一篇失败的文案，会导致营销活动也随之泡汤。
>
> 因此，自媒体人在设置悬念标题时需要非常慎重，标题最好有较强的逻辑性，切忌为了标题标新立异，而忽略了营销的目的和文案本身的质量。

悬念式标题是运用较多的一种标题形式，很多文案都会采用这一标题形式来吸引起读者的注意力，以达到较为理想的营销效果和传播效果。图 2-2 所示为设置悬念的自媒体文案标题案例。

图 2-2 设置悬念的自媒体文案标题案例

图 2-2 中的两篇文案的标题都能引起读者的好奇心，是能制造悬念的标题。

前者的悬念是"作为一件令人快乐的事，吃饭如何成了'我'的噩梦的呢"。其中，"快乐"和"噩梦"是两个完全对立的概念，读者一定很好奇，它们是如何被放在一起，并成为人们认知中可以被认同的事呢？这样读者就会受到吸引，从而选择点击自媒体文案，希望在阅读过程中找到答案。

后者的悬念是"我"为什么愿意"先笨再聪明"。人们一般希望自己一直是聪明的，那么该篇文案的作者为什么有着这样的企盼呢？这样就制造了一个引起人们好奇心的点，自然能抓住读者的眼球，让读者下决心点击阅读。

专家提醒

图 2-2 中的两篇文案在制造悬念之余，其在文案中提及的能引起好奇心的问题是自带话题性的，前者是关于吃饭"选择难"的话题，后者是关于"勤奋与聪明不可兼得时"的选择题。像这样的自媒体文案和文案标题，无疑是成功的，不仅能引导读者点击阅读，还能让读者针对话题展开讨论，有利于文案的传播。

011 有冲击力,才能戳中读者内心

不少人认为:"力量决定一切。"这句话虽然带有绝对化的主观意识,但也有一定的道理。其中,冲击力作为力量范畴中的一员,在自媒体文案撰写中有着它独有的价值和魅力。

所谓"冲击力",即文案对人视觉和心灵产生的触动,也即引起读者关注的原因。

在撰写具有冲击力的文案标题时,一方面,自媒体文案作者可以采用对人心灵产生冲击力的方式来撰写标题,这样有利于引发共鸣,能从内心深处让读者产生阅读文案的欲望。图2-3所示为从心灵上制造冲击并引发共鸣的自媒体文案标题案例。

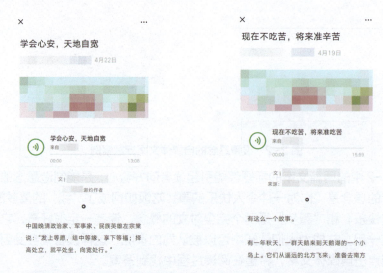

图 2-3 从心灵上制造冲击感并引发共鸣的自媒体文案标题案例

图2-3中的两篇自媒体文案,让读者在看到其标题时就能产生深深的认同感,引发共鸣。无论是"学会心安,天地自宽"还是"现在不吃苦,将来准辛苦",都是作者对人生的真切感悟,也是蕴含着生命真谛的哲理。通过文案标题,读者能体会到作者对待生活的正确态度,同时也知道,只有用这样的正确态度来对待生活,人生才会幸福和成功。

另一方面,自媒体文案作者还可以让文案更上一层楼,从心灵和视觉两个层面来制造冲击感。例如,利用一些具有极端性特点的词汇,如"最""比……还重要"等就是一种非常有效的方式。因为读者往往比较关注具有突出特点的事物。而这样的词汇能充分体现其突出性,往往能给读者带来强大的冲击感和刺激感。图2-4所示为从视觉和心理上制造冲击感的自媒体文案标题案例。

图 2-4 从视觉和心理层面制造冲击感的自媒体文案标题案例

这两篇文案的标题利用"最高级""最好"等极端性的语言进行撰写,给读者造成了一种视觉上乃至心理上的冲击。

专家提醒

自媒体文案作者在运用冲击式标题时,需要注意用词是否恰当,如宣传产品的文案就不宜用带有极端性的词汇,如"最""极"等。

012 思维反常,才会印象深刻

人们一般习惯顺着逻辑思维的发展来思考和看待问题,因此,那些与正常思维方向相悖的话题和内容就很容易成为关注的焦点。如图 2-5 所示,其标题就是通过违反人们习惯思维的方式来进行撰写的。

文案"地上有真金,为何你捡假币?"在读者看来,只要是思维正常的人,在"真金"和"假币"两者之间,都会选择前者,那么该篇文案为什么与其相反,选择"捡假币"呢?这是违背常理的,读者看到这样的标题,自然想要点击查看文案内容。文案"什么?大熊猫吃的不是竹子,是'肉'?"关于大熊猫的习性,在大家的普遍认知中,它应该吃的是竹子,而此处却说吃的是"肉",这是为什么呢?读者对这样违背常理的说法,总是想要一探究竟的,于是就会点击阅读文案,寻找答案。

图 2-5 反向思维的自媒体文案标题案例

013 有对比，才能"人有我优"

对比式标题是通过与同类事物进行对比，来突出自身优点，以加深读者的认识和理解。

对比式标题，有些只是同类产品的一个大盘点，各类产品的优缺点都有所展示，不刻意突出某一产品的功能，如盘点同一类小吃在不同地区所呈现的味道、盘点某地的景区、盘点中国历史上勇猛的一类人物等，虽然只是盘点，但是在撰写的过程中和读者阅读的过程中，作者和读者可能都会有意或无意地进行对比，如图 2-6 所示。

另外，自媒体文案还可以把两种或两种以上事物进行对比，从而突出某一事物的优点或是突出自身的特点，如图 2-7 所示。其实这种对比方式是比较常见的，但是，在运用时应该注意，文案作者不能刻意贬低某一事物，要实事求是地进行比较。

图 2-7 所示的两篇自媒体文案，前者虽然没有在标题中一一列出对比的事物，但是说明了对比的项目，也就是"5 款热销 SUV 的真实油耗对比"。那些对车感兴趣或准备购置新车的朋友，看到油耗这一与汽车密切相关的话题时，应该会点击并阅读，看看哪款 SUV 更节省燃油。后者并不是关于具体产品的对比，且其有两组对比——路宽与心宽、命好与心好。新媒体文案作者试图通过这两组对比来突出"心宽""心好"对人生成长的重要性。

第 2 章 文案标题：10 种类型，吸引读者眼球

图 2-6 盘点同类产品的对比式自媒体文案标题案例

图 2-7 两种或两种以上事物对比的自媒体文案标题案例

专家提醒

对比式标题若加入悬念式标题的手法，能更加凸显标题的特色，吸引读者的注意力，这样的文案既用了对比，又有悬念，很符合人们的口味，如"思想的天使，肉体的魔鬼"等。

014　巧借势，让流量轻松破 10W

借势是一种常用的文案写作手法，借势不仅是免费的，而且效果还很可观。借势型标题是指在文章标题中添加社会上一些时事热点、新闻的相关词汇来为文案造势，增加点击量。

借势一般是借助最新的热门事件吸引读者的眼球。一般来说，时事热点拥有一大批关注者，而且传播的范围也会非常广，自媒体文案标题借助这些热点就可以让读者轻松地搜索到该篇文案，从而吸引读者去阅读文章内容。

那么，在创作借势型标题时，应该掌握哪些技巧呢？笔者认为，可以从如图 2-8 所示的 3 个方面来努力。

图 2-8　创作借势型标题应该掌握的 3 个技巧

在网络情人节"520"将至的时候，相关活动也开始火热起来，在朋友圈、微博上，都可以看到"520"的各种动态。于是各个自媒体人也借助"520"的热点，通过在标题中添加热点词汇来推出文案，以便获得读者关注，如图 2-9 所示。

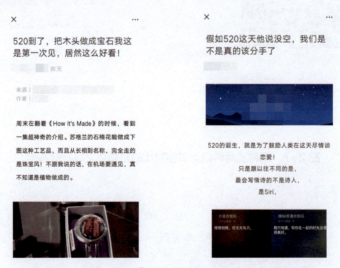

图 2-9　借势"520"节日热点的自媒体文案标题案例

除了节日、活动热点外，热门的音乐、影视剧也可以成为借势型标题的依托，如《复仇者联盟4》（简称"复联4"）一经播出，就成功吸引了广大观众的注意力。这么红火的热点，自媒体人当然不会放过。于是一些自媒体人就借助它的人气，打造了相关文案，如图2-10所示。

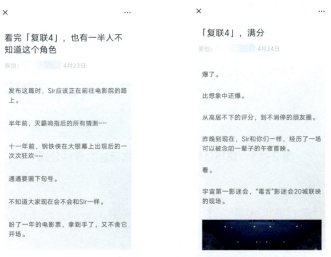

图2-10 借势"复联4"热点的自媒体文案标题案例

专家提醒

值得注意的是，在打造借势型标题的时候，要注意两个问题：一是带有负面影响的热点不要蹭，大方向要积极向上，充满正能量，带给读者正确的思想引导；二是最好在借势型标题中加入自己的想法和创意，然后将发布的文章内容与之相结合，做到借势和创意的完美融合。

015 有疑问，才能引导读者点击

疑问式标题又称问题式标题、疑惑式标题，疑问式标题可以算是知识式标题与反问式标题的结合，但读者又可以从提出的问题中知道文案内容是什么。一般来说，疑问式标题有6种公式，企业只要围绕这6种公式撰写疑问式标题即可，如图2-11所示。

图2-11中呈现的6种撰写疑问式自媒体文案标题的公式中，前面4种是疑问前置，后面两种是疑问后置。下面来欣赏一些采用疑问式标题的自媒体文案，如图2-12和图2-13所示。

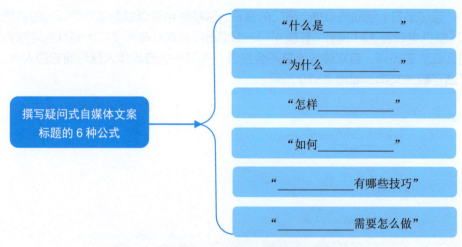

图 2-11 撰写疑问式自媒体文案标题的 6 种公式

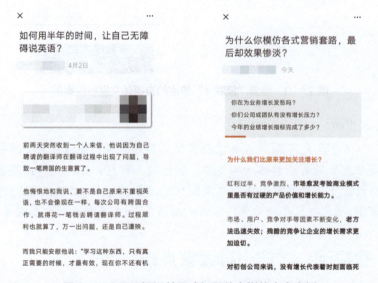

图 2-12 采用疑问前置式标题的自媒体文案案例

　　图 2-12 中的两篇自媒体文案采用的是疑问前置式标题，这一类标题通常将疑问词放在最前面，从而引起读者的注意，当读者看见如"为什么""如何""怎样"等一系列词语时也会产生相同的疑问，从而引导读者点开文章寻求答案。

　　图 2-13 中的两篇自媒体文案采用的是疑问后置式标题，这一类标题喜欢将疑问放在标题末尾，引起读者兴趣。人们往往对"秘诀、技巧、秘籍"等词汇有很强的兴趣，带有这一系列词汇的文章一般会普及一些小常识或是小知识，方便人们的生活。因此，在撰写疑问式标题时，把这些词汇加入其中，会让人们在看

到标题时，抱着学习的心理去点开文章，也就增加了文章的阅读量。

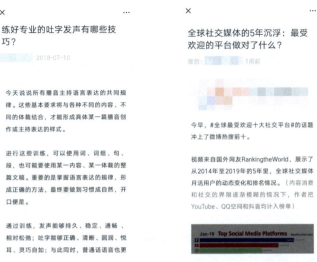

图2-13 采用疑问后置式标题的自媒体文案案例

016　新闻式，只把内容给对的人

新闻式标题一般是比较正规的，容易让人产生信赖的感觉。图2-14所示为新闻式自媒体文案标题的内容分析。

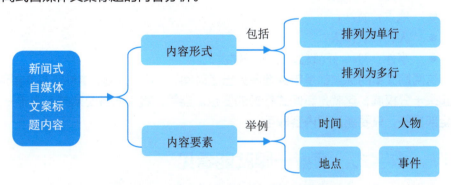

图2-14 新闻式自媒体文案标题的内容分析

新闻式标题把基本要素都罗列出来，有助于读者了解大概情况，让有需求、有兴趣的读者把心动变为阅读行动。图2-15所示为两篇采用新闻式标题的自媒体文案案例。

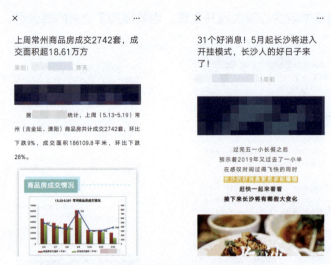

图 2-15 采用新闻式标题的自媒体文案案例

第一个标题中包含：
- 时间：上周；
- 地点：常州；
- 事件：商品房成交 2742 套，成交面积超 18.61 万平方米。

第二个标题中包含：
- 时间：5 月起；
- 地点：长沙；
- 人物：长沙人；
- 事件：31 个好消息，进入开挂模式。

这两篇文案的标题都是单纯地罗列出了时间、地点、人物、事件等基本要素，看起来十分权威，这就是新闻式标题的要点。当然，其中的各要素并不要求一定要全部具备，只要能说明内容即可。

017 数字式，读者一眼就能看见

如今的时代是一个"数字化"时代，任何事件都与数字挂钩，人们的日常生活也都离不开数字。在学习撰写自媒体文案标题时，应学会如何用醒目的数字吸引和冲击读者的视觉，才能够更好地吸引读者关注，为提高一篇文案的阅读量打下良好的基础。

一个自媒体文案标题，如果出现了数字，会让这一篇文案更具说服力，也更能让读者信服。

读者在看一篇文章的时候，一般希望可以不费太多的心力就能简单、清楚地看懂这篇文案到底讲了什么。此时将数字放入标题中，就能很好地解决读者的这一问题。

本节将从如何打造数字式标题的思路出发，重点介绍 4 种打造自媒体文案标题的方法。

1. "人"的数量

自媒体文案作者在撰写标题的时候，加入表示"人"的数量词，就可以很好地吸引读者的目光，引起读者的重视和注意，可以让读者准确地知道和了解这篇文章的内容是什么，有多少人。当然，有时文案中使用表示"人"数量的词汇，往往是为了表现某一事物或情况的程度。由物及人，让读者产生代入感，从而吸引读者注意。

一般来说，越是简单、清楚、拿数据说话的标题，越能引起读者的注意，从而点开文章阅读。图 2-16 所示为作者在自媒体文案标题中加入了表示"人"数量的案例。

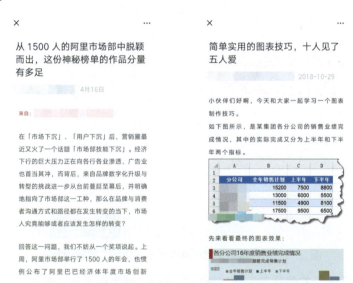

图 2-16 自媒体文案标题中加入表示"人"数量的案例

在图 2-16 所示的两个案例中，可以清楚地看到文案所涉及的人数和这些"人"所涉及的事件。

其中，前者用"1500 人"这一表示数量的词，突出了从阿里市场部中脱颖而出的人，但是在标题中并没有指出此人是谁，而是话题一转，把读者的注意力引向脱颖而出的人所创作的神秘榜单上的作品，正如标题中所指出的那样——"分量有多足"。可见，该标题是通过说明"人"数量多来肯定作品的优秀。

如果说前者从某一程度上说明了"人"数量多的话，那么"简单实用的图表技巧，十人见了五人爱"，虽然涉及了表示"人"的数量，但是在使用时，作者的目标并不是为了说明人的多或少，而是通过"十人见了五人爱"这一表示程度的短句来说明该文案所涉及的图表技巧的简单实用性。

2. "时间"的数量

人们经常提到的表示时间的计量单位有"年""月""天""小时""分钟""秒"等。一般而言，"年""月"表示时间长，"天""小时""分钟""秒"表示时间短。比如在自媒体文案的标题中含有"月"，通常表示短时间里能看到比较大的效果。

表示时间长短要视具体情况而定，关键是要体现出对比性，这样才能更大程度地吸引读者的注意力，激起读者阅读文章内容的兴趣，如图 2-17 所示。

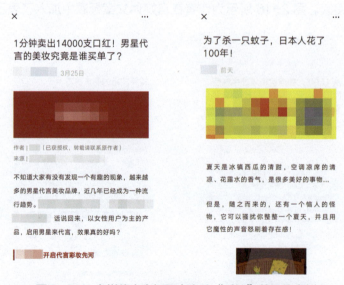

图 2-17　自媒体文案标题中表示"时间"数量的案例

图 2-17 所示的两篇自媒体文案的标题中，都含有表示"时间"数量的词汇。前者是利用"1 分钟"来突出时间的短，并把"1 分钟"的销售效果"14000 支"口红呈现出来，读者看到这里，一般会感到好奇：到底是什么创造了这样好的营销业绩呢？同时摆出"男星代言美妆"的事实，引导读者快速点击阅读。

后者是利用"100 年"来突出时间的长，把"一只蚊子"和"100 年"放在一起，形成了鲜明的对比，同时能让人产生疑问：为什么杀一只小小的蚊子还需要花 100 年？带着强烈的好奇心，读者一般是会选择点击阅读文案的。

3. "钱"的数量

俗话说"无钱寸步难行",虽然这句话从一定层面来看有点偏激,但不得不承认"钱"在生活中所扮演的角色是多么重要和不可缺少。关于"钱"的信息一般很容易被人察觉,这一敏感的字眼不管出现在哪里,都能吸引人们的视线,得到人们的关注。

带有"钱"的数量的数字式标题在自媒体文案撰写中十分常见。一般来说,能让人通过标题对文案产生好奇心的表示"钱"的数量的标题有两种不同的情况:"钱"的数额对于普通人来说特别大;"钱"的数额对于普通人来说很小。

数额巨大和数额极小的两种极端情况,在使读者震惊的同时,会勾起读者的好奇心。读者在看到这种标题的时候,会想去查看标题中所出现的"钱"的具体情况,这样一来,这篇自媒体文案也就能吸引更多的读者关注了。

图2-18所示为在自媒体文案标题中加入了与"钱"有关的数量的案例。它们或是数量很大,或是利用数字对比对读者产生强烈的视觉冲击力。

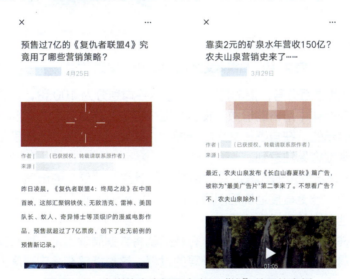

图2-18 自媒体文案标题中表示"钱"数量的案例

由图2-18可知,前者是用"7亿"这一看起来很大的表示"钱"数量的词汇,让读者对《复仇者联盟4》这一影片的营销策略产生兴趣,吸引读者一探究竟。后者是用单价"2元"的矿泉水与年营收"150亿"进行对比来撰写文案标题的。因为单价2元的矿泉水和年营收150亿之间还存在一个巨大的数字,那就是营销75亿瓶矿泉水。那么,农夫山泉究竟是如何做到的呢?这一疑问,就容易引导读者点击阅读文案的兴趣。

4. 表示"程度"

表示程度的表述方法有很多，其中比较常见的有"%"和"倍"，如图2-19所示。

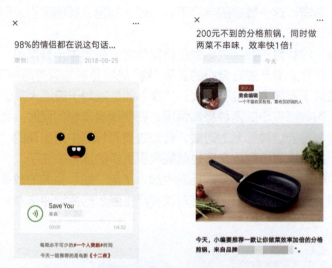

图2-19 自媒体文案标题中表示"程度"的案例

"%"也就是百分号，指的是将某一整体平均划分为100份，再看看这些被划分的部分在整体中所占的份数。现实生活中遇到的占比情况，大部分情况下是用"%"来表示的。在自媒体文案的标题中，如果出现"%"这一表示占比的符号，会让读者很容易注意到。

"倍"在表示程度时代表的是"倍数"的意思。"倍"的出现相对于几组单纯的数据来说，能更直接地说明问题，比如"效率快1倍"，在这一句话中，就可以很直观地看出效率提升的程度。

读者往往更喜欢看直接的东西，有数据就将数据展现出来，增长多少就用倍数表示，尽量减少读者搜集资料或计算的过程，这也能够在一定程度上提高读者的阅读体验。

018 福利式，让读者觉得赚到了

福利式标题是指在标题中向读者传递一种"阅读这篇文章你就赚到了"的信息，让读者自然而然地想要去阅读文案。一般来说，福利式标题准确地把握了读者贪图利益的心理需求，让读者一看到和"福利"相关的字眼就会忍不住点击阅读。

福利式标题的表达方法有两种，一种是比较直接的表达方式，另一种则是间接的表达方式。虽然方式不同，但是效果都相差无几，具体如图 2-20 所示。

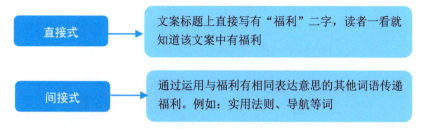

图 2-20　福利式标题的表达方法

值得注意的是，在撰写福利式标题的时候，无论是直接式还是含蓄式，都应该掌握如图 2-21 所示的 3 点技巧。

下面来看这两种福利式标题的经典案例，如图 2-22 和图 2-23 所示。

图 2-21　福利式标题的撰写技巧

图 2-22　直接福利式的自媒体文案标题案例

图 2-23　间接福利式的自媒体文案标题案例

虽然这两种类型的福利式标题稍有区别,但本质上都是通过"福利"来吸引读者的眼球,从而提高文章的点击率。

> **专家提醒**
>
> 福利式标题通常会给读者带来惊喜,如果一篇文案的标题中或明或暗地指出文中含有福利,你难道不会心动吗?福利式标题既可以吸引读者阅读文案,又可以为读者带来实际利益,一举两得。虽然福利式标题容易吸引读者的注意力,但在撰写的时候也要注意,不要因为侧重福利而偏离了主题,而且最好不要使用太长的标题,以免影响文案的传播效果。

019　速成型,读者才有动力去点击

速成型标题是指向读者传递一种只要阅读了文案就可以掌握某些技巧或者知识的信心。"速成",顾名思义,就是能够马上学会、得到。

这种类型的标题之所以能够引起读者的注意,是因为抓住了人们想要从文案中获取实际利益的心理。大多数读者都是带着一定的目的阅读文案的,要么是希望文案中含有福利,比如优惠、折扣;要么是希望能够从文案中学到一些有用的知识。因此,速成型标题的魅力是不可阻挡的。

在打造速成型标题的过程中,往往会遇到这样一些问题,比如"什么样的技巧才算速成?""速成型的标题应该具备哪些要素?"等。那么,速成型的标题到底应该如何撰写呢?笔者将其经验技巧总结为如图 2-24 所示的 3 点。

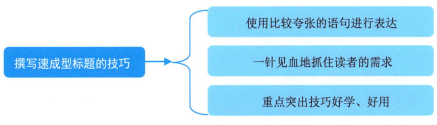

图 2-24 撰写速成型标题的技巧

专家提醒

值得注意的是，在撰写速成型标题时，最好不要提供虚假的信息，比如"一分钟一定能够学会这样××""三大秘诀包你×"等。虽然速成型标题需要添加夸张的成分在其中，但要把握好度，要有底线和原则。

通常，速成型标题会出现在技术类的文案中，主要是为读者提供实际好用的知识和技巧，如图 2-25 所示为速成型标题的典型案例。

图 2-25 速成型标题的自媒体文案案例

从图 2-25 中可以看出，左图的文案标题明显是干货内容，而且还借用数字的形式为速成型标题添彩，右图的文案标题也是速成型标题的形式。

读者在看见这种速成型标题的时候，就会更加有动力去阅读文案中的内容，因为这种类型的标题会给人一种学习这个技能很简单，不用花费过多的时间和精力的印象。因此，大多数读者会选择相信这类标题，进而阅读文案内容。

第 3 章

文案正文：15 个妙技，引导读者看下去

> **学前提示**
>
> 针对快节奏的生活，一些自媒体走上了"标题党"的道路。然而这样做的结果就是，虽然提高了点击量，但读者往往一看内容就放弃阅读了。其主要症结还是在于内容的质量。
>
> 本章就从文案正文出发，介绍 15 个吸引读者看下去的妙技，提高文案的阅读率。

- 内容摘要，简简单单激发兴趣
- 精彩开头，抓住读者的五大秘诀
- 写好金句，让读者注意力不再分散
- 善用短句，让人清晰感知阅读节奏
- 不缺修辞，押韵、对称才能朗朗上口
- 兴趣爱好，绑定读者的关注点
- 切身利益，找准读者关注的理由
- 以情动人，感动千千万万读者
- 内容有价值，让读者觉得管用
- 聊天式，侃侃而谈，阅读更顺畅
- 总分总式，主题明确更易把握
- 层递式，阅读层层深入不遗漏
- 悬念式，让读者坚持阅读到底
- 疑团式，渴求揭开谜底引导阅读
- 片段组合，脉络清晰更易吸睛

020　内容摘要，简简单单激发兴趣

　　读者在阅读自媒体文案时，有时会发现，在文案封面图和标题下方有一行字，这就是内容摘要。这是自媒体文案作者撰写完文案后，在排版时设置的。例如，在微信公众号平台上，文案编辑页面的底部有一个用来撰写摘要的编辑框。这部分内容对于一次只推送一篇文章的公众号自媒体文案来说非常重要，因为发布文案之后，摘要内容会直接出现在推送文案下方，如图 3-1 所示。

图 3-1　自媒体的摘要内容展示

　　仍以微信公众号这一自媒体平台为例，如果自媒体人在编辑文案时没有填写摘要，那么系统会默认抓取正文的前 54 个字作为文案的摘要，如图 3-2 所示。

图 3-2　摘要的编辑和设置

　　当然，自媒体文案的作者在设置文案摘要时也要注意方法和技巧，尽量用摘要来激发读者对文案的兴趣，如果能激发读者第二次点击阅读的兴趣，那就更好了。在笔者看来，自媒体文案的作者可以通过简洁明了的陈述和设置悬念等方式引导读者点击阅读。

1. 简洁明了的陈述

在设置摘要时，进行简洁明了的陈述，一般包括两种情况：一是总结文案的主要内容，如图3-3所示；二是突出文案主题的特色，如图3-4所示。

图3-3 总结文案的主要内容的摘要

图3-4 突出文案主题的特色的摘要

从图3-3和图3-4中可以看出，前者在设置摘要时，对文案的中心内容进行了总结，说明要做赚钱的淘宝，缺的是好产品，那些想要通过淘宝赚钱的读者必然会带着这一结论去阅读，有利于读者理解和把握中心内容；后者则利用"简单易上手"5个字说明文案中提及的"新手学会自媒体并获得高收益的方法"的特征，基于这样的特征，读者只要看到了该篇文案，特别是那些想要进入自媒体领域盈利的新手,必然会受到吸引,从而点击阅读。

2. 设置悬念

自媒体人若想利用设置悬念的方式来提高文案的点击量,不仅可以利用标题来实现,还可以利用摘要内容来实现,如图 3-5 所示。

图 3-5　设置悬念的摘要

图 3-5 中的文案摘要,与标题配合默契——标题中的"太反常识""公认的淡季"的"最好的财报"本来就吸引了读者的注意力,然后又在摘要中把这种吸引力进一步升华,通过"净利润 73 亿"把最好的财报具象化,并用"京东到底做对了什么"这一疑问来设置悬念,能有力地吸引读者点击阅读。

其实,除了上面两种比较常用的摘要设置方法外,还有一些具有创意的摘要设置方法,如图 3-6 和图 3-7 所示。

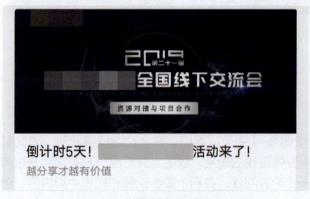

图 3-6　具有创意的摘要设置方法(1)

图 3-7　具有创意的摘要设置方法 (2)

图 3-6 和图 3-7 中的文案摘要，前者直接从引导读者阅读上升到了引导读者分享，如果内容足够吸引人或提供了某一方面的利益，那么，在文案摘要中就可以提醒读者分享，这对后期扩大推广很有帮助。后者用"对面的朋友看过来~"作为内容摘要，语气亲切自然，非常接地气，在众多总结、陈述或设置悬念的摘要中可谓独树一帜，让人眼前一亮。

021　精彩的开头，抓住读者的五大秘诀

能够用一个好的开头赢得读者的喜爱，从而吸引大批读者关注并继续阅读文案内容，是自媒体文案的作者撰写文案的主要目的。基于这一思考，下面介绍文案开头的 5 种写作技巧。

1. 想象猜测

自媒体文案作者在写想象、猜测类型的文案开头时，可以运用一些夸张的写法，但不要太过夸张，基本上还是倾向于写实或拟人，能让读者在看到文字的第一眼就能够展开丰富的联想，猜测在接下来的文章中会发生什么，从而产生继续阅读文案的强烈欲望。

在写想象、猜测类型文案的开头时，要注意开头必须设置一些悬念，给读者以想象的空间，最好可以引导读者进行思考。

2. 波澜不惊

波澜不惊型也被叫作平铺直叙型，在撰写文案开头时，把一件事情或者故事从头到尾、一气呵成地讲出来。

波澜不惊型的开头方式，自媒体文案作者使用的并不多，更多地用于媒体发布的新闻稿中。但是，自媒体文案开头也可以在合适的时候使用这种类型的写作

方法，例如重大事件或者名人的介绍，通过正文本身的重大吸引力来吸引读者继续阅读。

3. 开门见山

开门见山型的文案开头，需要作者在文章的首段就将自己想要表达的意思写出来，不躲躲藏藏，而是干脆爽快。自媒体文案作者在使用这种方法进行文案开头创作的时候，可以使用朴实、简洁等能进行清晰表达的语言。

要注意的是，使用开门见山型的开头，正文的主题或者事件必须足够吸引人，如果主题或者要表达的事件没有办法快速地吸引读者，那么最好不使用这种方法。

4. 幽默的故事

幽默感是与他人沟通时最好的武器，能够快速搭建起自己与对方沟通的桥梁，拉近彼此之间的距离。

幽默的特点就是令人高兴、愉悦。如果自媒体文案作者能够将这一方法用到开头中，将会取得不错的效果。

在自媒体平台上，很多商家会使用一些幽默、有趣的故事做文案的开头，以吸引读者的注意力。没有人会不喜欢看可以带来快乐的东西，这就是幽默的故事分享型文案开头存在的意义。

5. 引经据典

在写自媒体文案时，使用名言名句开头，一般更容易吸引受众的目光。因此，自媒体文案作者在写作的时候，可以多搜索一些与文章主题相关的名人名言。

在自媒体文案的开头中，如果能够用一些精练又紧扣文章主题且意蕴丰厚的语句，或者使用名人名言、谚语、诗词歌赋等语句，能使文章看起来更有内涵，而且这种写法更能吸引读者，可以提高新媒体平台文章的可读性，以及更好地凸显文章的主旨和情感。

022　写好金句，让读者注意力不再分散

相对于完整的文章来说，大部分读者记得的可能只是其中比较经典的句子。例如，"幸福的家庭都是相似的，不幸的家庭各有各的不幸"，这句话很多人都知道，也有很多人知道它出自俄国著名作家列夫·托尔斯泰的《安娜·卡列尼娜》，但是读过《安娜·卡列尼娜》和仍然记得《安娜·卡列尼娜》的完整故事情节的人相对来说就要少得多。

例如，"一寸光阴一寸金"这句诗，从进入学校开始，就被人挂在嘴边，但是又有多少人知道其出处并能背诵全诗呢？虽然该首诗的作者处于以诗闻名的唐

朝，但作者王贞白并不太为人所知，其诗《白鹿洞二首》（其一）全文："读书不觉已春深，一寸光阴一寸金。不是道人来引笑，周情孔思正追寻。"知道的人也比较少。

可见，无论是篇幅长的内容还是篇幅短的内容，如果没有金句或者不是金句，想要被人牢牢记住是很难的。自媒体文案也是如此，需要在持续输出优质内容时打造金句，让读者被吸引，进而选择继续阅读文案。

那么，在自媒体文案中，什么样的句子才能称为金句呢？在笔者看来，可称为金句的，一般有以下几类，如图3-8所示。

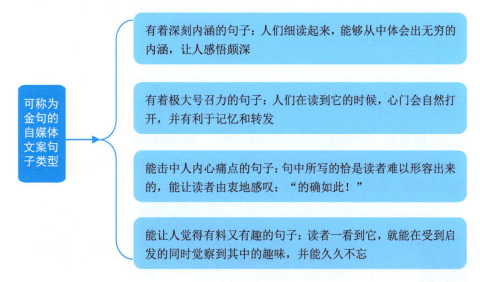

图3-8　可称为金句的自媒体文案句子类型

如图3-8中介绍的常见类型的金句，自媒体大号中一般会有它的身影，无论是哪一行业或领域，都能产生金句，只不过那些专注于生活认知的自媒体大号可能更多，如"十点读书"，金句可谓是层出不穷，它的每一篇文章都有金句，可能还不止一处。例如，它发布的一篇以"陪伴"为主题的文案，就有很多金句，如图3-9所示。

图3-9中3个加粗的句子（不包括小标题）就是该篇文案的部分金句。其中，"婚姻并不是为了找长期饭票，而是一个可以相濡以沫的爱人"和"'白头偕老'，说白了，不过是，我们要一起，应对俗世的柴米油盐"，都是有着深刻内涵和能击中人内心痛点的句子。而最后一句"愿这世界，有人能陪你看遍世事繁华，直到万物沧桑"，具有极强的号召力，能带给人极大的心灵慰藉和企盼。

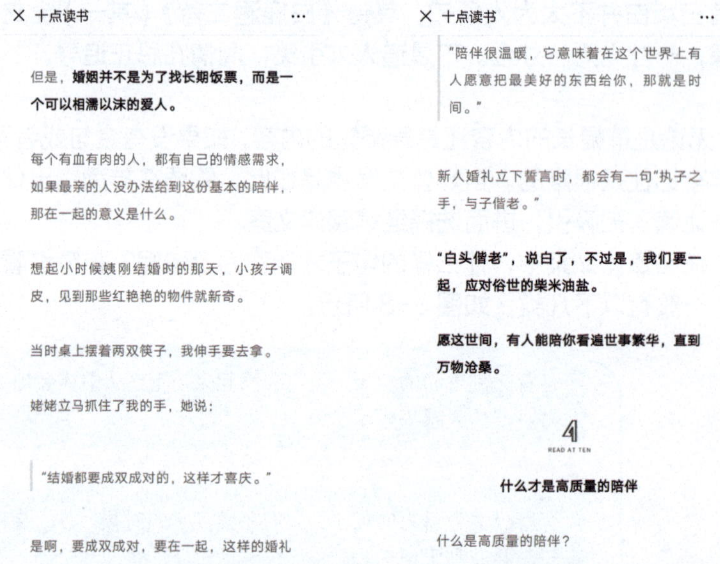

图 3-9 "十点读书"公众号中以"陪伴"为主题的文案中的金句展示

自媒体人应该如何写好金句呢?在此,笔者举例介绍几种常见的能高效率打造金句的方法,如图 3-10 所示。

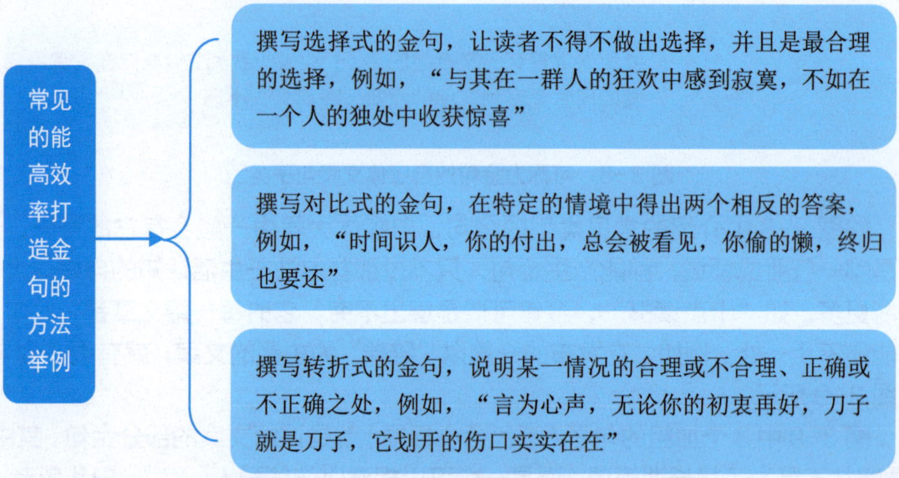

常见的能高效率打造金句的方法举例:

- 撰写选择式的金句,让读者不得不做出选择,并且是最合理的选择,例如,"与其在一群人的狂欢中感到寂寞,不如在一个人的独处中收获惊喜"

- 撰写对比式的金句,在特定的情境中得出两个相反的答案,例如,"时间识人,你的付出,总会被看见,你偷的懒,终归也要还"

- 撰写转折式的金句,说明某一情况的合理或不合理、正确或不正确之处,例如,"言为心声,无论你的初衷再好,刀子就是刀子,它划开的伤口实实在在"

图 3-10 常见的能高效率打造金句的方法举例

023 善用短句,让人清晰感知阅读节奏

读者看到一篇文案,如果内容都是由有着多种修饰的成分组成的句子组成的,

需要他们静下心来理解，那么，在生活快节奏的今天，这样的文案是很难让读者坚持阅读完的。

一般来说，那些使用短句的文案，读起来朗朗上口，音节分明，更有节奏感。同时还能形成循环往复的气势，更好地表达文案的主题。因此，自媒体文案作者在创作过程中，应该多用简洁的短句，环环相扣，来激发读者继续阅读的兴趣。

自媒体平台上作为宣传口号的广告文案采用的都是短句，基本上是不会使用长句的。图 3-11 所示为美团推荐的短句广告文案。

图 3-11　美团推荐的短句广告文案

图 3-11 中的短句文案"素人与明星，只有一根的距离"，在短文案中，采用的是由两个短句组成的对比式的文案内容，不仅能把二者之间的区别表达出来，间接地让素人明白美甲的意义所在，还能增强句势。

另外，在自媒体平台上，除了一句话文案的广告口号外，如朋友圈、微博等平台上的短文案也大多是用短句来表达的，如图 3-12 所示。

图 3-12　微信朋友圈的短句文案

其实，除了短篇幅的文案采用短句外，自媒体平台上的长篇幅的文案也大多采用短句。如果篇幅长，文字描述多，在这样的情况下，采用结构复杂的长句，那么愿意阅读的读者会变少。如果自媒体文案作者采用短句，且每一段话都比较短，文案看起来也更美观，阅读起来也无须担心错行和拆解句子。图 3-13 所示为一篇题为"1983 童年往事，带你回到此生最幸福的时光"的文案，可以看出，该篇文案采用的是短句，节奏分明，能让人不由得沉浸到内容所描写的氛围中。

图 3-13 题为"1983 童年往事，带你回到此生最幸福的时光"的文案

024 不缺修辞，押韵、对称才能朗朗上口

与短句一样，使用押韵、对称等手法也是能增强读者的阅读和谐感的。在自媒体文案中较多地使用押韵、对称等手法，不仅可以增加文案的文采，还便于读者阅读和记忆。

图 3-14 所示为内容中运用了对称手法的自媒体文案案例。

图 3-15 所示为内容中运用了押韵手法的自媒体文案案例。

> **专家提醒**
>
> 对于押韵和对称等手法，并不是说要求在全篇使用，只要有一处或多处运用，就能在很大程度上提升文案的音韵美和阅读效果，就能让人感受到自媒体文案作者的才华和努力。

内心藏得天下人，两肩担得天下事。

世人皆言90后生在了和平年代，殊不知先辈们用鲜血换来的和平，这一代人也在用自己的热血去给它浇灌。

他们当中，有人已经建立自己的家庭，有人仍是父母身边的孩子。有时要承受离别的相思之苦，有时要饱受离家的思乡之痛。

但无论是公安消防、还是边防岗哨，不管是祖国大地、还是海外维和，在国家与人民需要的时刻，90后们还是选择了前赴后继，一往无前。

他们的生命短暂而灿烂，牺牲却壮烈而质朴。面对火海与战场，他们留下的遗言简简单单，却也足以撼天动地：

简书

完美，是为别人而活；完整，是为自己而活。一生中，最该对得起的人，就是自己。

05

人们总是有各种借口，逃避做自己：没钱，没闲，没资源，没背景……

大多数人，扮演一个不是自己的人，庸庸碌碌，度过一生。

一个人铁了心要做自己，什么都限制不了你。

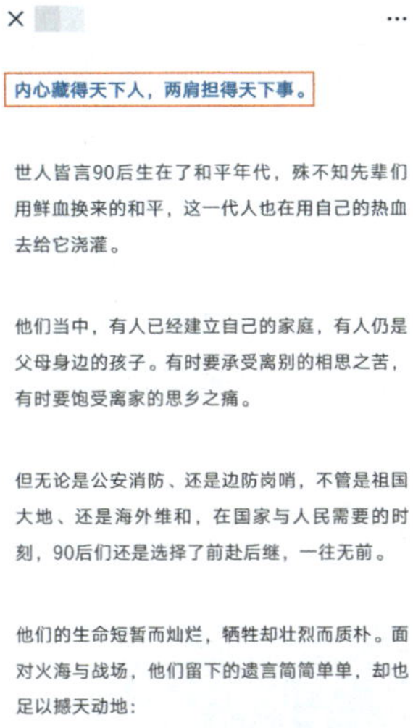

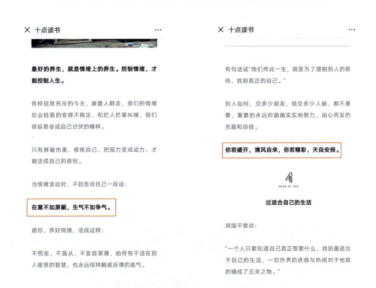

图 3-14　内容中运用了对称手法的自媒体文案案例

十点读书

最好的养生，就是情绪上的养生。控制情绪，才能控制人生。

各样信息充斥的今天，跟着人群走，我们的情绪总会轻易的变得不稳定，和烂人烂事纠缠，我们很容易变成自己讨厌的模样。

只有屏蔽伤害，修炼自己，把阻力变成动力，才能活成自己的原创。

当情绪波动时，不妨告诉自己一段话：

在意不如屏蔽，生气不如争气。

愿你，养好情绪，活成这样：

不慌张，不盲从，不妄自菲薄，始终有不活在别人眼里的智慧，也永远保持触底反弹的底气。

十点读书

有句话说"我们终此一生，就是为了摆脱别人的期待，找到真正的自己。"

别人如何，交多少朋友，结交多少人脉，都不重要，重要的永远你踏踏实实地努力，由心而发的充盈和自信。

你若盛开，清风自来，你若精彩，天自安排。

4
READ AT TEN

过适合自己的生活

周国平曾说：

"一个人只要知道自己真正想要什么，找到最适合于自己的生活，一切外界的诱惑与热闹对于他就的确成了无关之物。"

图 3-15　内容中运用了押韵手法的自媒体文案案例

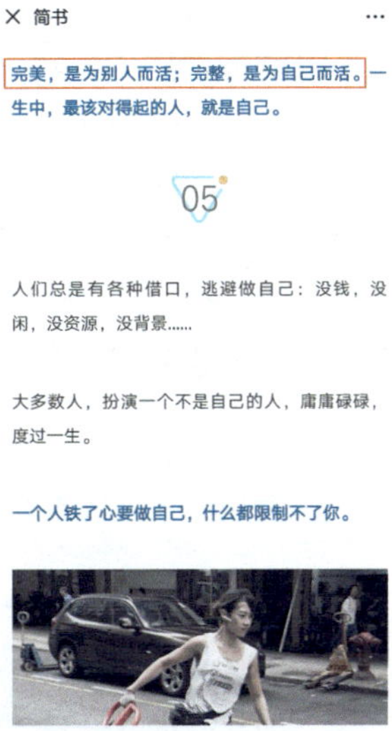

025　兴趣爱好，绑定读者的关注点

在长期的生活中，每个读者都会形成一定的兴趣、爱好，或是在一定的时间范围内，读者因为某些方面的需要而对某一领域或方面感兴趣。如果自媒体文案作者能从读者长期感兴趣的一个方面着手，将文案标题、内容与之绑定，这样的

文章必然是极易引起读者关注的。

例如，一个以展现摄影构图技法为主要内容的微信公众号"手机摄影构图大全"，在自媒体平台发布了一篇题为"手机修大片，25个绝招！修图作战第6波效果展示！"的文案，如图3-16所示，瞬间就吸引了众多读者的关注。

图3-16中的文案，是围绕如何从创作的角度对照片进行手机修图来说的，这是很多摄影爱好者感兴趣的——当前期拍摄效果不好时，就迫切需要在后期进行弥补。而从序言来看，大多是针对如何修图这一兴趣点而留言，如图3-17所示。

(1)

(2)

图3-16　关于修图的自媒体文案案例

(3)

图 3-16　关于修图的自媒体文案案例（续）

图 3-17　针对如何修图这一兴趣点而留言

随着自媒体文案的评论不断增多，读者对该自媒体的认知将进一步提升。可见，利用读者的长期兴趣信息来吸引用户关注，是提升用户阅读体验和绑定用户关注的重要原因所在。

又如，"美食"也是人们长期感兴趣的一个话题，一个名为"日食记"的微信公众号就从这一兴趣点出发，发布了一篇题为"我不小心把粽子做得太好吃了怎么办？"的文案，如图 3-18 所示。

图 3-18 关于美食的自媒体文案案例

只要是对美食感兴趣（特别是在临近端午节的时候）的人士，都会选择点击阅读的，毕竟作为有着传统文化内涵的美食，美味又有纪念意义——自媒体文案作者为读者提供了一个足以说服他们阅读下去的理由。

026 切身利益，找准读者关注的理由

在现实生活中，总是存在与人们切身利益息息相关的话题和关注点，如出行的人会关注目的地的天气信息，进行股票投资的人会关注股市行情和相关行业政策的变化，以及人们普遍会关注的养老政策的变化等，这些都是基于切身利益而予以关注的方面。

自媒体文案作者以众多读者的利益点进行切入，找准读者关注的理由，在此情况下撰写的文案是不难让读者去点击阅读的。

例如，2019年发布的有关汽车报废的新规定，是一项与有车一族密切相关的政策。针对这一新规定，微信公众号"汽车迷"推出了一篇题为"汽车报废新规将实施，你的旧车更值钱了！"的文案，如图3-19所示。对这一问题感兴趣的读者会不由得被吸引而自发阅读的。

另外，对有车一族来说，油价的下降与上调直接影响其自身的利益。一些自媒体平台从这一点出发，会经常关注这方面的信息，并撰写文案将这些信息及时分享给广大读者，如图3-20所示。

又如，在图 3-21 所示的微信公众号"新东方四六级"的文案"最后一次，拯救你的四六级词汇"中，绑定了即将到来的"四六级考试"这一与人切身利益相关的信息，那些正在忙着准备四六级考试的考生、家长和老师是很容易被吸引的，就会关注公众号。

图 3-19　关于汽车报废新规定的文案

图 3-20　关于油价上调的文案

图 3-21　"新东方四六级"发布的与四六级考试相关的文案案例

在这一篇文案中，与考生利益相关的四六级考试为关注者提供了一个增强关注的理由，由此而绑定了相关领域和多个方面的关注者。

由上面的文案案例可以看出，只要能找准用户的利益关注点，吸引用户关注自媒体文案也就不是一件困难的事了。

027　以情动人，感动千千万万读者

自古以来，"情"之一字，文人骚客对它进行了尽情的描述，并利用"人同此情"的认识心理而感动了千千万万的读者。可见，撰写饱含情感的文案是实现引流与变现目标的主要途径之一，而且其关键点就在于"以情动人"。

关于"以情动人"这一文案要素，自媒体文案作者必须从以下 3 个方面进行准确把握，从大家熟知的感知认识和美学角度来说，即"真""善"和"美"。在此有必要对"以情动人"的 3 个文案撰写角度具体分析。

1. 真

从美学"真"的角度而言，它要求文案所描述的内容是符合客观事实的，而不是作者胡乱编造的。即使在一定程度上对其进行了某方面的加工和改变，也必须是符合客观事物的发展规律的，是不脱离现实的。

2. 善

从"善"的角度而言，它要求文案中所描述的情感是具有能让人产生积极和正面情绪的情感，能引发读者内心潜藏的合乎人类发展的目的性的情感。也就是说，在自媒体文案中，其所包含的情感一定是积极向上的，而不是消极悲观的。

3. 美

在真、善、美这 3 个美学概念中，真和善是美的前提和基础。在遵循了真和善的撰写规则的基础上，文案的美才能体现出来。也就是说，自媒体所包含的温暖情感才能让读者产生愉悦的体验，这是符合"美"的"使主体产生一种精神上愉悦的体验"的观念的。

而在文案中，"美"的情感体验的关键点就在于基于真和善，才能让文案的情感核心点与读者相契合。只有这样，才能激发读者的认同感和情感共鸣，最终打动读者，并引发分享和转载等推广行为。

图 3-22 所示为自媒体平台上"以情动人"的文案案例。细读图中所展现出来的文案，在描写美国皂荚这一树木的时候，倾注了真、善、美的强烈情感，从而使得这一篇科普方面的文章具有打动读者的力量，引起读者评论和感叹，如图 3-23 所示。

图 3-22 自媒体平台上"以情动人"的文案案例

图 3-23 利用情感打动读者的文案的评论

028　内容有价值，让读者觉得管用

对于自媒体平台及其文案来说，它之所以受到用户的关注，就是因为用户可以从中获取他想要的信息，这些信息必须是具有价值的干货内容，而不是人云亦云、胡乱编写的文案。

在自媒体平台运营中，保证推送的内容是具有价值的、专业性的干货内容，有着两个方面的作用，如图 3-24 所示。

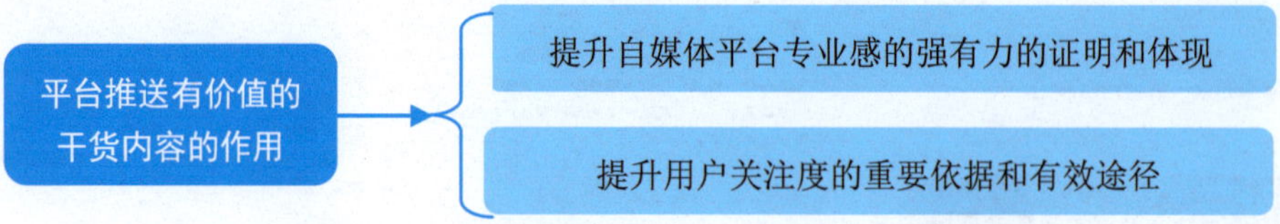

图 3-24 平台推送有价值的干货内容的作用分析

通过自媒体推送的干货性质的内容，读者能够学到一些生活常识和操作技巧，从而帮助读者解决平时遇到的一些疑问和难题。基于这一点，也决定了自媒体在运营方面是专业的，其内容也是接地气的，带来的是实实在在的经验积累。

图 3-25 所示为"今日才经"微信公众号为用户推送的职场文案案例。

图 3-25 "今日才经"微信公众号推送的职场文案案例

029 聊天式，侃侃而谈，阅读更顺畅

在撰写自媒体文案时，作者不仅完全可以利用访谈的方式来打造文案，让自己与读者面对面交谈，利用一个个问题来深入解读文案主题，还可以把在聊天时常用的话语和方法用到文案中，提升读者的沉浸感，引导读者点击后能阅读完文案。下面以聊天式的文案布局为例进行介绍。

在撰写聊天式的文案时，自媒体文案作者应该注意以下几个方面，这样才能充分体现聊天式布局的文案的特色。

1. 更准确的读者定位

因为自媒体文案作者在聊天式文案中是需要经常以与读者面对面交谈的方式来铺陈内容的，所以在写作之前需要准确地知道目标读者是谁，并通过一些话语或案例等在文案中点出目标读者，如图 3-26 所示。这样才能让读者觉得你就是直接写给他（她）的，感觉就是在面对面交谈，才能让亲切感倍增。

图 3-26 中的"拍过花的摄友"，就是自媒体文案作者准确指出的一部分目标读者，当这一部分读者看到这一标识时，如果遇到过同样问题，就会产生代入感，就会被吸引，从而引导他们继续阅读下去。

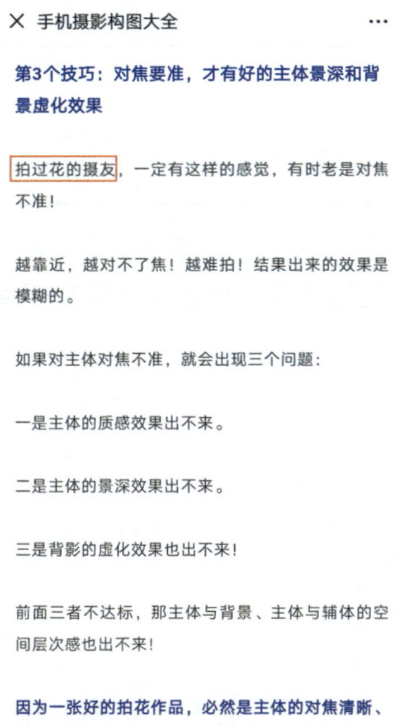

图 3-26 在文案中点出目标读者

2. 选择叙述口吻

在表述时，自媒体文案作者可以选择的叙述口吻包含第一人称、第二人称和第三人称 3 种方式。然而，为了在文案中营造面对面交谈的场景，增加亲切感，因此就应该少用第三人称。至于第一人称（"我"）和第二人称（"你"），应该结合起来运用，这样才能让内容加分。

自媒体文案作者应该明白使用第一人称和第二人称叙述的区别，并熟练掌握，这样才能在文案中灵活运用。表 3-1 所示为使用第一人称和第二人称叙述的利弊。

表 3-1　使用第一人称和第二人称叙述的利弊

叙述角度	优　势	劣　势
第一人称	(1) 更真实，能让读者更具体地体会到作者的感受； (2) 更亲切，能让作者拉近与读者的距离，进入"我"的角色	(1) 自我表现太强，容易让人产生一言堂的感觉； (2) 当观点太偏激或尖锐时，没有缓冲余地，容易让读者产生抵触心理
第二人称	(1) 犹如面对面交谈，可以增加亲切感，拉近读者与作者间的距离； (2) 更易产生沉浸感，能让读者快速代入文案所打造的角色中； (3) 增强表达的气势，特别是在抒情和号召力方面，效果更明显	(1) 用的次数太多，没有其他人称介入时，容易产生距离感； (2) 在只使用第二人称的情况下，缺乏互动感； (3) 当观点或想法带有负面影响时，更类似于指责，不利于形成良好的聊天氛围

从表 3-1 中可以看出，在聊天式的文案中，如果单一地使用某一人称来叙述，都会产生不利影响，因此，自媒体文案作者有必要把两种叙述方式结合起来使用，如图 3-27 所示。

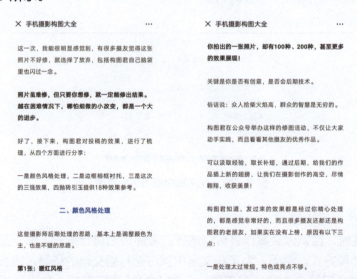

图 3-27　把第一人称和第二人称结合起来使用的文案案例

图 3-27 中的文案，把第一人称"我""构图君"（自称）和第二人称"你"结合起来，让内容读起来更像是在娓娓而谈，非常亲切自然。

3. 直接展现互动内容

自媒体文案作者要想让内容更加直接地以聊天的形式出现，就可以在文案中直接展现互动内容，如"有人问我""有人留言"等。图 3-28 所示为在文案中直接展现互动内容的文案案例。

图 3-28 中的两篇文案都直接展现了互动内容，且都是用带着疑问的方式来展开互动内容的，这样有利于引导读者思考，更让人觉得真实和亲切。

图 3-28　在文案中直接展现互动内容的文案案例

030　总分总式，主题明确更易把握

自媒体文案运用总分总式的布局往往是在开篇就点题，然后在主体部分将中心论点分成几个基本上是横向展开的分论点，最后在结论部分加以归纳、总结和必要的引申。

关于总分总式文案的正文，具体写法如下。

一个点明题意的开头部分（总 1），简洁醒目，作为文章的总起部分。

主干部（分 1、2、3、4…）作为文章的分述部分，它的几段互相独立，从不同的角度来表达中心，在先后的编排次序上还需要斟酌。

结尾（总 2）是文章的总结部分，它不仅是主干部分的自然过渡，而且是对主干部分的归纳小结。

图 3-29 所示为一篇总分总式布局的自媒体文案。

自媒体文案写作从入门到精通

在美国著名心理学家马斯洛提出的需要层次理论中,人的需求像阶梯一样从低到高层次分为五种,分别是:生理需求、安全需求、社交需求、尊重需求和自我实现需求。

当基本需求得不到满足,人就非常容易没有安全感。

心姐认为,一个没有安全感的人,有以下 5 种迹象:

(1)"总 1"

怕麻烦别人,总是一个人死撑

没有安全感的人,不敢麻烦别人,不想给对方添乱,也害怕对方会因为怕麻烦而嫌弃自己,总是希望自己能把所有事情都做好。

没有安全感的人,从小被贴上"懂事"的标签,但没有谁天生就是乖巧懂事的,看似能把自己照顾得很好,其实受了太多委屈。

天冷了,自己加衣;
生病了,自己买药;
出门不会忘带雨伞和纸巾;
能修自家灯泡也会装马桶。

越是缺乏安全感的人,越是很难开口去要求什么。

似乎一个人,就能撑住一片天。

敏感,易胡思乱想

没有安全感的人,多数心思敏感细腻,考虑问题周到,总是顾及别人的感受,忘了要好好爱自己。

对方一个"嗯""哦"的微信回复,就会感到不安,怀疑自己说错话;
信息迟迟得不到回复,猜测对方和谁在一起,是不是不想理你了;
对方面无表情从身边走过,你会一直在意是不是自己做错了什么。

在感情里,一些人没有安全感,是因为经历过一些事:

长期得不到认可,所以性格自卑;
被陌生人非礼,所以害怕独自走夜路;
遭遇挚爱背叛,所以怀疑感情的长久。

凡事总往坏处想,不易相信别人,难免不断怀疑,人也愈发敏感,掉进负面情绪的漩涡,无法自拔。

(2)主干部(节选)

没有安全感的人,很让人心疼。

每个人都需要安全感,再强大的人,也会有缺失安全感的时候。

"安全感"到底是什么?

心姐始终认为,安全感不是爱人秒回的信息,也不是入手的奢侈品,而是懂得善待自己,清楚自己想过什么样的生活,别过分依赖别人,经济和精神上都有独立的能力,给自己一点精神上的满足,就能给自己安全感。

有句话说,不要去追一匹马,用追马的时间种草,待到春暖花开时,就会有一批骏马任你挑选。

请记住,把安全感寄托在别人身上,是最没有安全感的事情。

与其取悦别人,不如丰富自己!

(3)"总 2"

图 3-29　总分总式布局的自媒体文案

031 层递式，阅读层层深入不遗漏

层递式布局，即层层递进的正文布局，其优点是逻辑严谨，思维严密，按照某种顺序将内容一步步铺排，给人一气呵成的畅快感觉。但是层层递进的正文布局的缺点也很明显——对于主题的推出不够迅速，若开头不能吸引读者，那么后面的内容也就失去了存在的意义。

层层递进型的正文布局，其着重点就在于其层递关系的呈现。论述时的层递式布局主要表现如图 3-30 所示。

由此可见，这种正文布局形式适合论证式的自媒体文案，层层深入、步步推进的论证格局能够增强文案的表现力。运用层递式结构要注意内容之间的前后逻辑关系，绝不可随意地颠倒顺序。层层递进型的正文布局对于说明某些问题，非常有效。

图 3-30　文案正文的层层递进式布局分析

图 3-31 所示为一篇采用从"是什么"到"为什么"，再到"怎么样"的层递式布局的自媒体文案。

(1)"是什么"

图 3-31　层递式布局的自媒体文案

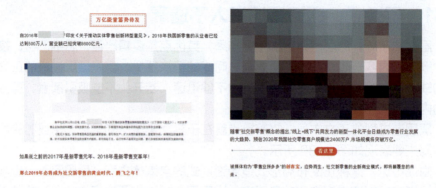

(2)"为什么"

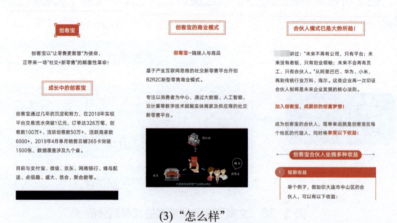

(3)"怎么样"

图 3-31　层递式布局的自媒体文案（续）

032　悬念式，让读者坚持阅读到底

悬念式自媒体文案，顾名思义，就是通过设置悬念来引起读者的注意。首先是提前设置好问题，让读者自行猜测、关注以及讨论，然后等到时机成熟时抛出答案，它属于自问自答式。

悬念式文案的思维优势十分明显，但很多人仍然没有掌握其写作技巧，认为它不好写。那么，究竟要怎样才能写出一篇打动人心的悬念式文案呢？笔者认为，掌握如图 3-32 所示的 6 点技巧即可。

悬念式自媒体文案不仅可以有效吸引读者的眼球，提高文案的浏览量和阅读文案的完成度，而且可以趁势推销相应的产品，在帮助读者解决问题的同时获得收益，两全其美。

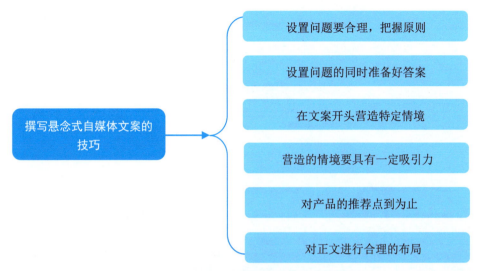

图 3-32 撰写悬念式自媒体文案的技巧

专家提醒

在快消费时代，有耐心阅读的人已经不多见了，尤其是阅读广告。悬念式文案的好处在于成功利用读者的好奇心理，戳中痛点。如果想把一篇悬念式文案打造成功，就要学会提炼一到两个关键点，一点一点地给出关键信息，让读者去猜测，最后给出解答。

不管是主打内容运营的微信公众平台，还是致力于提供实时资讯的今日头条和一点资讯等，都会用到悬念式文案这种形式。图 3-33 所示为悬念式布局的自媒体文案案例。

图 3-33 所示的悬念式的自媒体文案，其标题是"如何简单有效地说服别人，让他接受你的观点？"不仅在标题中设置了悬念，而且在正文中，同样设置了悬念。首先，在开头就提及文案要解决的问题，并简单地给出了答案，解答标题和问题中设置的悬念。至此，悬念得到初步解答。然而这样的答案对读者来说，还远远不够——读者想要了解的是"怎样才算一个好故事"和"怎样把平淡的故事变得吸引人"。于是，其后的文案就针对悬念问题，分 4 部分进行解答（图 3-33 中由于篇幅所限，只展示了 3 部分内容），从而一步步解开说服别人的奇招的悬念。

自媒体文案写作从入门到精通

今天我们来解决一个问题：
如何简单有效地说服别人，让他接受你的观点？

我们通常认为，想说服一个人，必须要给出正确的观点，用缜密的逻辑，摆出大量的事实和数据，就能让对方心服口服。但事实上你会发现，就算以上你都做到了，也未必能成功说服对方。

想让对方接受你的观点，除了通常的做法，其实还有一个奇招——讲一个好故事。它往往胜过一堆大道理，能达到事半功倍的效果。

人生一切难题，知识给你答案。

今天我们就来告诉你如何讲好一个故事，轻松说服别人。

怎样才算一个好故事

1. 好故事的核心就是六个字：冲突颠覆生活。如果有人告诉你："我和我的夫人坐在火锅唱着歌，特别高兴。"这是一个完整的故事，但你不会觉得它是一个好故事。但如果有人说："我和我的夫人坐在火车上，吃着火锅唱着歌，突然就被麻匪打劫了。"你是不是就有听下去的欲望了？电影《让子弹飞》的开场，就是这样一个故事。

2. 具体来说，好故事分为三个阶段。第一阶段，生活遭遇变化。比如，故事的主角要遭遇变化，离开原来的生活轨迹，去面对不确定的世界。比如电影《泰坦尼克号》，平静的航程中突然出现了冰山，就有了大的变化，颠覆了所有人的生活。

怎样把平淡的故事变得吸引人

1. 方法一：细化困境。比如你面试时，之前工作的经历比较平淡，又想让面试官觉得你是有能力的。那你就不要简单说"我替公司拿到了一个大单子"，而要把其中的困难挖掘出来细说："这个客户很难签约""执行过程中出现了一些状况，我是这么解决的……"就能让对方更有深刻的印象。

2. 方法二：细化情绪。比如，你和伴侣约好下班后一起约会，但临下班突然被安排了一个很重要的工作，要加班，该如何向伴侣说？如果直接说"对不起，我临时被要求加班，实在去不了"就太平淡，对方很可能生气。建议你向伴侣描述一下自己的情绪过程："我好不容易等到快下班可以见你了，很开心，但是突然被安排了一件工作，一下就让我特别纠结，觉得现在你实在

怎样让对方参与到你的故事中

1. 讲故事的高手会让听众觉得听的不是别人的故事，而是自己的故事。所以你的故事最好能够让听众也参与进来。怎么做？第一，故事主角要比听众"高级"一点点。你的故事中的主角，要贴近对方，但不要完全是他真实的样子，而是他想要成为的样子。比如，虽然租房的用户大多是暂时买不起房的人，但是租房广告的主角，往往不是窘迫的样子，而是努力打拼的年轻人。

2. 第二，故事内容直击对方现状中的缺憾。比如你是老板，去别的公司挖人。假如你直接说"来我的公司你会有更好的前途"，很难立马打动对方。乔布斯就懂得该怎么做，他对前百事可乐的高管说"你是想一辈子卖糖水，还是跟我改变世界"，对方

图3-33 悬念式布局的自媒体文案案例部分内容

033 疑团式，渴求揭开谜底引导阅读

疑团式正文写作形式，是指在描述一个完整的故事时，在开头或关键点通过设置疑团而不做解答的方式来布局正文，借以激发读者的阅读兴趣。

疑团式布局的核心是提出一个问题，并且需要提炼一到两个产品的神秘卖点，围绕提出的问题进行自问自答，需要注意的是，回答问题时不能一次性就答完，而是要根据进度慢慢抖包袱，使读者产生急切的期盼心理，再在适当的时机揭开谜底。

疑团式布局虽然很容易引起读者的注意，可是该怎样才能做到将软文写成说一半留一半，并且还能勾起读者的阅读兴趣呢？其实要做到这一点并不难，只要沿着正确的方向，按照合理的步骤进行下去即可，如图3-34所示。

图3-35所示为疑团式自媒体文案案例。

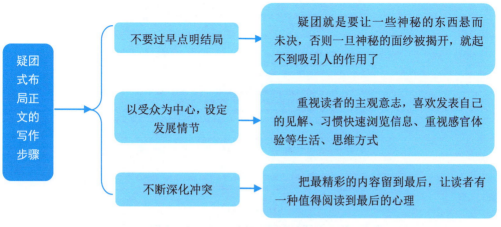

图 3-34　疑团式布局正文的写作步骤

几乎不会有人否认规模对理解中国问题的重要性。无论在日常生活还是理论分析中，中国超级巨大的规模，都可以被观察者和谈论者直观地感受到，并在相关的观察和思考中扮演了一个非常重要的角色。

尽管如此，在围绕中国问题的研究中，规模又是一个经常被过于忽略的概念。当观察中国的国家治理与社会演化时，规模的含义究竟是什么，规模因素究竟发挥了何种作用？规模的要素是否可以被充分地概念化与理论化，从而变成分析中国国家治理与社会演化的基本概念框架与分析工具？在通常关于中国巨大规模或超大规模的诸种流行说法的背后，隐含着何种观察的视角？是否有可能再做二阶层次的观察，从而揭示出这些观察的洞察力与盲点之所在？

上述问题引导了我围绕中国的超大规模性的观察与沉思。

(1) 提出疑团

✕ 正商阅读　　…　　　✕ 正商阅读　　…　　　✕ 正商阅读　　…

一

在西方的思想传统中，柏拉图关于城邦规模的讨论一直是很知名的。**在《理想国》中，柏拉图将城邦规模的扩大看作城邦内部贫富分化与党争的根源。**

在柏拉图看来，城邦适宜建立在一个离港口不太近，同时又不太远的地方，人口规模维持在两万人左右为宜。亚里士多德也同意柏拉图的看法，认为城邦规模不宜过大。按照亚里士多德的说法，人正是通过城邦才得以"成人"，是城邦赋予了人之为人的本质。因此，当城邦规模过大时，就要通过某种程序，排除出一部分人另立城邦，从而使得城邦的规模始终保持适当。

隐含在此种理论和实践背后的观念是：**城邦必须保持适当的规模，"以确保不多不少地能好好地过有德性的生活"。**

二

此种关于中国超大规模性的理解，尤其适合组织社会学层次的分析。它对于我们观察和分析传统中国国家与社会治理时面临的诸多内外部约束和挑战，特别具有启发性。但它也有自己的缺陷。因为在此种分析框架中，中国的超大规模性基本上是被作为约束性的"规模负荷"而发挥作用，因此它就解释不了中国超大规模性的另一面，**即中国的超大规模性带来的并非仅仅是"规模负荷"，同时它也是造就中国之"世界工厂"地位的重要因素，并且恰恰是中国超大规模性为中国庞大的消费人群和市场规模的优势提供了基础。**

三

那么，铁路、公路、航运、通信、互联网等演化成就的涌现，除了在经济层面释放中国的规模潜力，形成中国在经济上的比较优势之外，还对中国社会结构的演化究竟有何重要作用呢？

答案当然是复杂的，因为社会演化的复杂性超出了任何个人的观察，也远远超出本文的容量。我尝试给出的一个大为简化的答案也许是：**它们极大地促进了中国社会复杂性的提升。**

超大规模本身并不必然带来复杂性的提升。英国控制论专家艾什比（Ross Ashby）在一九五六年写作的名著《控制论引论》中就曾经举过一个例子说明为什么规模与复杂性并非一回事。

艾什比的例子是太阳系行星。如果纯粹从

(2) 一步步解开疑团

图 3-35　疑团式布局正文的自媒体文案案例

性计算、自我决策的"个体"。更抽象地说,当要素之间联系起来之后,由于各要素都是自我决定的,这就大大增加了社会的不确定性和风险。因此,**超大规模复杂的社会,也是一个超大规模的风险社会。**

这样一个分布式计算的超大规模的风险社会,同时也是一个"非一目了然"的社会。无论任何人,无论他身处社会的何种位置,他都很难真正做到居高临下地俯瞰整个社会,并将整个社会一眼看透。社会的高度复杂性导致了社会的各种不透明性的出现。这对于传统的治理方式和治理手段来说,当然是一个无比巨大的挑战。

反过来说,这也意味着个人日益从各种各样的传统共同体中"脱嵌"出来,从而越来越面临着孤独地面对整个抽象的现代世界的生存困境,孤独和竞争性焦虑变成了中国人普遍的生存状态。在这样一种处境中,如何可能发展出一套适合中国人的个体伦理学,从而实现当代中国人的安居乐业、幸福生活,就成了一个非常艰巨而又重要的问题。

最后,需要补充的是,虽然沟通媒介,尤其是各种传播性的沟通媒介对于这个正在出现的超大规模的复杂社会具有重要作用,但这并不意味着,传播性媒介乃是这个社会出现的根本原因或唯一原因。

社会演化的复杂性往往远远超过我们的观察和估计,多数时候,社会的演化和变迁往往是多种原因、多个因素、不同面向的事实共谋复地共同起作用的结果。例如,居民身份

(3) 得出结论

图 3-35 疑团式布局正文的自媒体文案案例(续)

专家提醒

通过疑团引起话题和关注是这种布局的优势,但是必须掌握火候,提出的问题一定要有吸引力,答案要符合常识,不能作茧自缚、漏洞百出。

034 片段组合式,脉络清晰更易吸睛

片段组合式布局又称为镜头剪接式,是指根据表现主题的需要,选择几个典型生动的人物、事件或景物片段组合成文。

主题是文章的灵魂,是串联文案的全部内容的思想红线和关键线索,因此,自媒体文案作者所选的镜头片段,无论是人物生活片段,还是景物描写片段,都要服从于表现主题的需要。

其整体布局为:总—分—总,主体部分由三至四个片段构成,其结构匀称、明晰。结构模式一般为:开头点题定向,领起下文;主体分承,片段组合,各个片段之间既各自独立,又彼此勾连;结尾呼应前文,点明题旨。其布局可以通过4 种形式来表达,具体如下。

1. 时间式

这种片段组合式布局的文案是以"时间"为主线来构造全文的,它在时间线索的指导下,简明地记叙每个"时间段"的主要事件,而将许许多多的内容作为"空白"艺术留给读者去想象,去再创造。

这类的镜头剪接式布局可以采用"五岁—十岁—十五岁""幼年—少年—青年"等叙述线索,围绕几个时间段介绍人生经历或事物发展的脉络,线索清楚。

图3-36所示为时间式布局正文的自媒体文案案例。

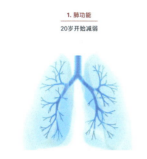

图3-36 时间式布局正文的自媒体文案案例

2. 排比式

所谓"排比式布局",是指文章在表达上常用排比句;在内容上句句紧扣主旨,突出中心;在形式上,可使层次更清晰。因此,可以在很大程度上增强语言的气势与节奏感。图3-37所示为"最人物"微信公众号推送的以排比句形式布局的片段组合式文案正文。

图 3-37　"最人物"微信公众号推送的以排比句形式布局的片段组合式文案正文

3. 小标题式

小标题的拟写不仅要整齐美观、紧扣主题并且应富有艺术感染力，要达到能反映作品中心思想的效果。图 3-38 所示为一篇题为"一个女人最好的生活状态"的文案，在内容布局上就采用了小标题的写法。

× 简易心理学 …

01

经济独立，生活成熟
不强求感情

正如那句话：最重要的不是你可以挣多少，而是你有挣钱的能力。

很多女人，在嫁人生子后便放弃了原来的工作，隔离了与社会的联系，彻底在家过上相夫教子的生活，成为一名全职太太。

看着是安稳幸福，但其实失去了经济的独立后，在生活面前便也失了底气，一旦唯一的经济支柱发生半点意外，她们连半点反抗的能力都没有。

就像《我的前半生》里，罗子君曾经也是外企员工，但遇上陈俊生后，为

× 简易心理学 …

02

多读书，多提升
不做没有内涵的花瓶

记得贾宝玉在《红楼梦》里曾说道：

「所有的少女都是珍珠，为人妻，为人母后，便成了浑浊的鱼眼珠子。」

归根结底，就是缺乏内涵。

居里夫人说过一段话：

「17 岁时你不漂亮，可以怪罪于母亲没有遗传好的容貌；

但是 30 岁了依然不漂亮，就只能责怪自己，因为在那么漫长的日子里，你没有往生命里注入新的东西。」

× 简易心理学 …

03

尊重内心，扬起自信
不为取悦别人而存在

电影《被嫌弃的松子的一生》里，松子一生都在很努力地祈求着爱，不管是落魄、家暴的作家彻也，还是出轨的冈野……

松子都毫无保留地对待路过她生命里的每一个男人。

但可惜，松子的爱情不是那种海誓山盟般的爱情，而是取悦式、自卑的爱，所以五段感情最后皆以失败告终。

生活往往就是如此，你越去取悦一个人，那个人就越有可能让你痛彻心

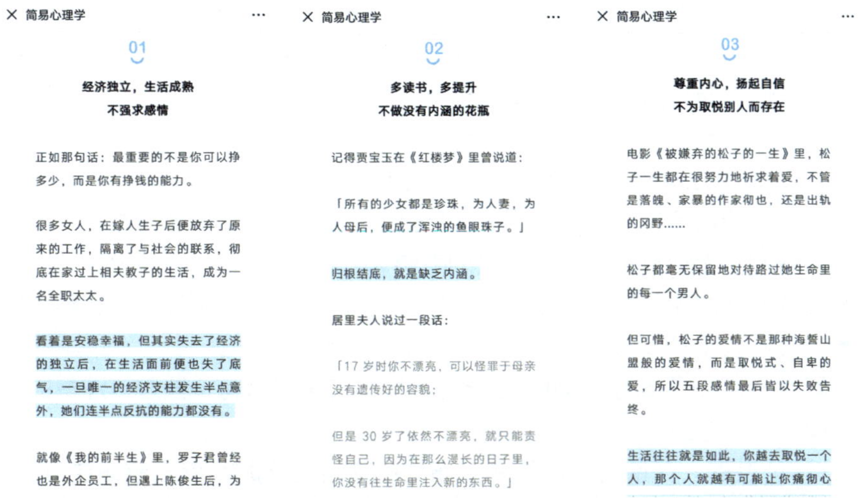

图 3-38 设置小标题的片段组合式布局

专家提醒

虽然小标题可以很好地体现出文章的脉络，但是在写小标题的时候需要注意以下事项。

- 所选取的材料要求典型、新颖，别具匠心，不落俗套，有个性特征，能显示作者独特的视角及立意。
- 要用准确精练的语言突出记叙、议论、说明的内容。
- 小标题的拟定要有艺术性、提示性。
- 小标题的拟定要表现文案各部分之间的内在联系，使跳跃的内容联成有机的整体，不再孤立。
- 数量要恰当，小标题一般以 2 ~ 4 个为宜。

4. 正反对比式

这是一种通过正反两种情况的对比分析来论证文案中观点的布局形式。通篇运用正反对比分析，使道理讲得更透彻、鲜明；局部运用正反对比的论据，使材料更有说服力。

自媒体文案的正文在写作过程中使用正反对比法时应注意以下两个问题。

- 正反论证应有主有次，若文章从正面立论，主体部分则以正面论述为主，以反面论述为辅；若文章从反面立论，则以反面论述为主，以正面论述为辅；
- 围绕中心论点选择对比材料，确定对比点。所选对象必须是两种性质截

然相反或有差异的事物，论证时要紧扣文章的中心。

片段组合的正文布局形式，可以在较短小的篇幅内，立体而多角度地表现人物，叙述事件，描写商品特点，烘托品牌，其优点具体如下。

- 中心明确，主题清晰，分步骤表达，清晰自然。
- 文章层次清晰，结构严谨，一目了然。
- 选材的灵活性和自由度很大，既能充实文章内容，作者思路也容易打开，解除了无话可说、写不下去的障碍。
- 片段之间无须衔接，省去了过渡语句，因此作者无须过多考虑结构安排。
- 片段数量可多可少，因此作者可灵活控制篇幅。

在写片段组合式布局文案的正文时，自媒体文案作者有一些应该注意的问题，具体表现在两个方面。

(1) 论证过程。在撰写片段组合式布局的文案正文时，首先应该注意其论证的顺序，必须以一定的逻辑顺序来进行撰写，具体过程如图3-39所示。

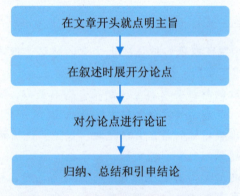

图3-39　片段组合式正文的论证过程

(2) 论证关系。在撰写片段组合式布局的文案时，除了要把论证过程烂熟于胸之外，还应该注意论证双方的关系，并在论证过程中实现关系上的紧密衔接，如图3-40所示。

图3-40　片段组合式正文的论证关系的要求分析

第 4 章

文案图片：9个对策，安排精美配图

学前提示

在自媒体文案中，图片是不可缺少的，它不仅能丰富文案的内容，让文案内容更生动形象，还能提升文案的美观度，提升读者的阅读体验。

自媒体应该如何安排文案配图，才能让读者看到文案内容就想要收藏起来，以备后续查看和使用呢？本章内容就是对于这个问题的回答。

- 图片搭配，整齐一致让人赏心悦目
- 图文间距，合适才有最佳视觉效果
- 图片配色，合理搭配才能感觉耐看
- 动图特效，让文案表达能力更强大
- 长图文效果，激发读者收藏的加分项
- 图片创意化，才能吸引更多读者收藏
- 图片代入感，让读者能够融入其中
- 图片趣味化，让整篇文案鲜活起来
- 图片场景感，让读者如身临其境

035 图片搭配，整齐一致让人赏心悦目

一篇好的自媒体文案，如果图片非常精美，让人看了还想看，并达到想要收藏起来以另作他用的程度时，那么，这样的文案和图片一定是让人赏心悦目的。那么，在撰写自媒体文案时，作者应该怎么选择图片呢？在笔者看来，应该从两个方面着手，一是图片本身，二是图片版式。

1. 图片本身

从图片本身来说，美观是首要要求，这样才能为读者带来更好的视觉感受。图 4-1 所示就是"手机摄影构图大全"微信公众号发布的一篇文案的部分图片，从图中可以看出，这些图片都是基于同一图片而进行后期处理过的效果图。这些精美、形式多样、内涵丰富的效果图无疑是能受到读者喜爱的。

图 4-1 "手机摄影构图大全"微信公众号发布的一篇文案的部分图片

同时，保证图片的高分辨率也是让图片更有品质的关键——较高的分辨率可以让图片显得更加清晰、精美，能够体现出图片的内在质感。如果图片非常模糊，品质较差，那么势必会影响用户的视觉欣赏体验，降低用户对自媒体平台的好感度。

2. 图片版式

在图片版式方面，自媒体文案作者应该确保文案中用到的图片版式要一致，这样给读者的感觉就会比较统一，有整体性。图片的版式一致，指的是如果在文案内容的开始处用的是圆形图，那么后面的图片也要用圆形图；同样地，如果第

一张是矩形图，后面的也应该用矩形图。

仍然以"手机摄影构图大全"微信公众号为例来说明。图 4-2 所示为其发布的一篇显示多组照片的文案，可以看出，无论是图片的排列方式还是图片大小，都是一致的。

图 4-2　图片版式、大小一致的自媒体文案案例

036　图文间距，合适才有最佳视觉效果

虽然自媒体文案内容包括文字、图片、语音和视频等多种形式，但是大多数自媒体平台推送的文章仍是以文字搭配精美图片的内容为主。所以说，自媒体文案作者在进行排版时要做好图文搭配的内容的排版工作，这样才能呈现最佳的视觉效果。

要想让图文搭配的内容版式看起来舒适，就需要注意一点，那就是文章中的图文间应有间距。图文之间要有间距，具体可分为以下两种情况。

1. 图片与文字之间存在间距

图片与文字间要隔开一段距离，不能太紧凑。如果图片与文字没有任何间距，那么会让版面显得很拥挤，带给读者的阅读体验自然也不会好。图 4-3 所示就是在图片与文字间设置了间距的文案效果。

从图 4-3 可以看出，文字围绕着图片，无论是图片前还是图片后，都有一定的间距，这样就显得版面的视觉效果较好，不仅易于阅读，而且能让读者阅读起来更舒适。

自媒体文案写作从入门到精通

图 4-3　图片与文字之间存在间距的自媒体文案案例

2. 图片与图片之间存在间距

图片与图片之间也不要太紧凑，要有一定的距离。如果两张图片之间没距离，就会让读者产生是一张图的错觉。尤其是在一个地方连续放多张图片时，更要注意图片之间的距离。

大家可以看一下图 4-2 中的图片，会发现横向并排的两张图之间，虽然受到了版面空间的限制，但是也是有比较小的间距的。下面来欣赏纵向并排的两张图，如图 4-4 所示，它们之间也是存在间距的。

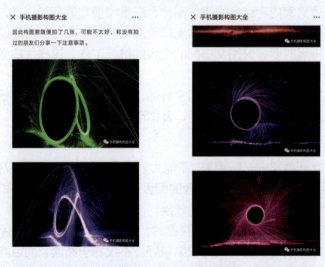

图 4-4　纵向并排的两张图之间存在间距的自媒体文案案例

专家提醒

可能有些自媒体文案作者在排版时已经注意到了，在有些平台上进行排版，文字与图片之间或者中间没有间隔文字的两张图之间，会自动生成一定的空距，这就无须作者再另行设置空距了，否则是需要按照上面的要求增加空距的。

当然，关于文字与图片之间的距离，如果自媒体文案作者觉得平台默认的间距太小，仍然可以通过选择添加空行来调整间距。

037　图片配色，合理搭配才能感觉耐看

自媒体文案作者要想让文案中的图片吸引读者的眼球，那么所选图片的颜色搭配就要合理。色彩搭配是一门学问，图片的颜色搭配也需要仔细研究。

图片的颜色搭配合适，能够带给读者一种悦目、耐看的感觉，从而提升其阅读体验，让读者得到美的享受。对自媒体人而言，图片的颜色搭配需要做到两点，具体分析如下。

1. 图片颜色和谐

要想做到图片颜色和谐，首先应该确保所选择的图片的颜色与自媒体文案主题相契合，如图 4-5 所示。

图 4-5　确保图片颜色与文案主题相契合

图 4-5 中文案的主题是介绍绿色蔬菜的，与其微信公众号的主题相契合，基于这一情况，文案的配图也以绿色为主，体现养生与健康的主题。其实，大家

还可以看到，该文案的各种标题也是采用了绿色的背景，使得内容与形式相得益彰。

专家提醒

图片颜色与文章内容的基调是否相符，也是在图片的细节处理中需要注意的问题。在自媒体平台上的文案图片处理也是如此。如果推送的内容是比较沉重、严谨的，就可以选择深色系的图片。如果使用太过跳跃的颜色，就会破坏文章的整体效果。

一般来说，大多数自媒体平台会根据自己的固有风格或者推送的文案内容来决定图片的配色，目的就是让读者记住自己，留下深刻的印象。图4-6所示为"做书"和"十点读书"推送的文章配图颜色搭配。

图 4-6　图片颜色的不同搭配

从图4-6中可以看出，"做书"的图片颜色明显亮丽夺目，有力冲击着读者的视觉，第一时间吸引他们的注意力。"十点读书"根据内容来设置的图片颜色，比较偏向于文艺、人生感悟的主题，因此采用的配图也很淡雅，为浅色调。

在图片色彩搭配方面，除了应该与主题契合外，在连续编排多张图片的情况下，还应该注意不同图片之间色彩的和谐，不能出现太大的反差，否则就会影响文案的视觉效果。

2. 图片颜色饱和

在图片配色时，还有一点非常关键，那就是要确保图片色彩饱和，这是体现好的视觉效果的前提。

038 动图特效，让文案表达能力更强大

很多自媒体文案作者在插入图片时都会采用 GIF 动图形式，这种动态图片确实能为自媒体平台吸引很多读者。

相对于传统的静态图来说，GIF 格式的图片更加动感立体，表达能力也更强大。静态图片只能定格某一瞬间，而一张动图可以演示动作的整个过程，因此效果会更好。

作为一种独特的图片格式，GIF 的好处是显而易见的，不论是单独来看，还是作为文章中的插图，它都能带给读者不一样的阅读体验。然而，动图也不是可以随意使用的，在选择动图的类型时应该注意以下 3 个方面。

1. 怎样获得动图素材

因为动图的制作不是一下子就能学会的，所以最好的办法就是去不同的渠道寻找动图素材。下面介绍几个素材丰富的网站，以供借鉴和参考，如表 4-1 所示。

表 4-1 动图素材丰富的网站

平台	具体内容
GIPHY	国外比较热门的动图网站，分类和制作水准比较出色，缺点是加载速度比较慢
51GIF	分类比较专业，而且提供高质量的延时摄影动图，值得一看
PIGGIF	整体风格属于清新文艺类，功能强大，可压缩、裁剪以及制作 GIF
SOOGIF	搜索动图分类很方便，紧跟热点，内容丰富，而且提供不同大小的格式下载
表情搜搜	专注于表情动图，下载方式十分简单，可直接应用于文章之中

2. 动图的类型要与文案内容相匹配

一般来说，技巧类的文案通常更需要动图的衬托和点缀，原因有两点。

一是因为技巧类的文案本身比较冗长，如果文字表达不够生动，很容易让读者失去阅读的兴趣，因此动图的加入能够有效地吸引读者的注意。

二是因为技巧类的文案在讲解知识时，往往会涉及某些用文字难以生动表达的情况，此时用一张动图来解释，难题就会迎刃而解。

3. 动图怎样恰当地融入文章之中

选择动图的类型与动图和文章搭配的方法，可以从内容和形式两大角度来考虑，如图 4-7 所示。

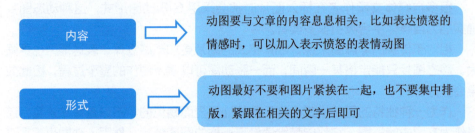

图 4-7　动图与文章结合的要点

以"茶颜悦色"微信公众号为例，它推送的文案内容就含有创意十足的动图，如图 4-8 所示。这个动图不仅展示了 TB 标识的含义，而且展示了单一标识的组合形状，让读者感受到标识的不同风格，制作的难度系数有点高，但效果是显而易见的。

图 4-8　"茶颜悦色"推送文案中的动图展示

039　长图文效果，激发读者收藏的加分项

除了动图，长图文也是借助图片为文案内容加分的一种形式，以图片加文字的漫画形式来描述内容，其阅读量都非常高，很多自媒体人都选择运用这种方式

来宣传和推广自己的产品。

长图文是促使各种自媒体平台获得更多关注、吸引更多粉丝的一种好方法，其主要优势体现在如图4-9所示的3个方面。

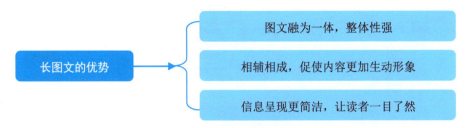

图4-9 长图文的优势

既然长图文的效果这么好，那么应该怎么设计这种冲击力巨大的图片形式呢？长图文的设计有两种方法，一种是直接设计长图，另一种是先设计小图再拼接。直接设计长图比较复杂，还要用到Photoshop软件。因此相对而言，设计小图再借用工具进行拼接比较简单。

值得庆幸的是，创客贴提供了制作信息长图的良好平台，既可以直接根据模板设计长图，又可以自己将小图进行拼接制成长图。这里主要介绍利用模板制作长图文的具体步骤。

步骤01 进入创客贴的模板中心，在左侧的分类栏中选择合适的类型，然后即可在各个类型下方选择合适的模板，如图4-10所示。

图4-10 模板中心页面

步骤02 进入设计页面，如图4-11所示，随后可直接单击模板，对信息图里的文字、图表等内容进行修改。

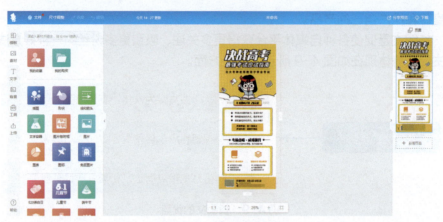

图 4-11　修改信息内容

专家提醒

如果没有合适的信息图的模板，也可以通过小图拼接的方式来设计长图文，但这样做的话会花费更多的时间和精力，需要经过长时间的经验积累才能做出比较理想的长图文效果。

长图文的形式在自媒体平台上屡见不鲜，有的甚至将长图文当成自己的固有模式和风格，并以此来吸引读者的注意力。图 4-12 所示为"倩碧 Clinique"推送的长图文文案的部分内容。

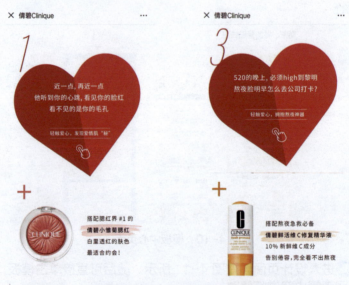

图 4-12　"倩碧 Clinique"推送的长图文文案的部分内容

"倩碧 Clinique"发布的内容大部分是采用长图文的形式，这样做不仅有利于推广新品，同时也吸引了不少读者的眼球，使得目标粉丝更加青睐该品牌，并持续支持其产品。

040 图片创意化，才能吸引更多读者收藏

所谓"创意"，就是在现有的理解和认知基础上，赋予事物一种新的思维和意识。在创意范畴内，通过形成的新的思维和意识，人们可以很好地挖掘资源深层次的价值。

在自媒体平台上，利用图片的形式，让文案中产品的中心关注点充满创意，能够立刻吸引读者的注意力。因此如何利用图片体现文案的创意，是自媒体平台运营者在进行图文设计时需要思考的问题。

关于自媒体平台的图片创意化，可通过两种形式来实现，一是利用产品的新包装，二是利用产品的细节图。在新包装、细节图等多种形式的创意武装下，产品和品牌能够吸引更多读者关注和收藏，促进营销目标的实现。

图 4-13 所示为 RIO 联合英雄推出的一款墨水鸡尾酒，其包装就非常有创意。

图 4-13 产品创意化的实现形式

041　图片代入感，让读者能够融入其中

在自媒体文案中，如果作者放入其中的是某一类或一群人物的图片，那么可以让读者产生身份认同感和代入感。这一过程也在无形中实现了让读者了解平台的目标，从而使其更信赖自己。

能让读者产生代入感的图片究竟是怎样的呢？具有代入感的图片主要包括 3 种，如图 4-14 所示。

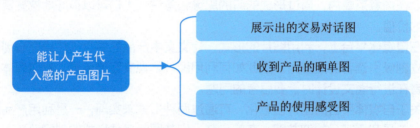

图 4-14　文案中能让人产生代入感的产品图片

通过图 4-14 中提及的 3 类图片类型，可以让读者融入产品营销过程中并产生一种角色代入感，想象成是自己在进行产品购买前的咨询或者是使用产品后在诉说对产品的感受，可以充分体验到顾客的心情。

042　图片趣味化，让整篇文案鲜活起来

在自媒体推广的文案中，通过添加图片可增加文案的趣味性与可读性，打造出趣味式文案。

所谓"趣味式文案"，就是能让读者感受到其中的趣味并能引人发笑的文案。对于文案的构成元素而言，文字在引发趣味性方面是需要读者在集中注意力和加以关注的情况下才能产生的，不能让读者在第一时间就引发自身的笑点。而图片恰恰相反，基于其丰富的表现力和生动性，往往读者在看到图片中有趣的部分时就会感受到其中的趣味点，从而引导读者继续阅读和关注。

通过阅读植入了趣味性图片的文案，能很容易地引发读者的笑点，似乎整篇文案都生动和鲜活起来了。能形成趣味感的图片主要表现在以下两个方面。

1. 注意图文相符

无论是什么文案，在植入图片时都必须抓住一个基本原则，那就是图文相符，也就是说，植入的图片必须符合文章主题。能很好地表现文案内容的图片，才能被称为合适的图片，否则图片不仅不能起到画龙点睛的优化作用，效果还会适得其反。

2. 多用表情包

表情包是一种既能很好地体现自身心情和感受的表现形式，也是增强表达的趣味性的主要手段。

在趣味式文案的创作过程中，把人们熟知的表情包植入进去，有利于读者更好地把握撰写者所要表达的感情，能让文案内容更加生动和有趣。

图4-15所示为"故宫淘宝"微信公众号推送文案中的表情包图片植入。

图4-15 微信公众号软文的表情包图片植入

043 图片场景感，让读者如身临其境

如果想要完美、形象地呈现一个真实的活动场景，除了视频外，没有比图片更合适的了。有时候文字描述也能让读者在脑海中呈现真实的生活场景，但是从直观、形象的角度来说，其效果还是略逊图片一筹的。

图4-16所示为"故宫淘宝"微信公众号推送的文案。推文的标题为"中国最美的颜色在紫禁城"，为了使标题与内容一致，在文案中插入了大家熟悉的各种场景图片，不仅能增强文章的说服力，还能打造自身品牌的亮点。

因此，在文案中插入图片，能让读者在阅览图文的时候直观地感受到真实的生活场景，那么，文案的推送也就有了意义和价值。

图 4-16 利用图片描绘出场景感

第 5 章

分享打赏：7 种手段，引爆读者让互动升级

> **学前提示**
>
> 一篇自媒体文案，当其被读者广泛分享和能获得高额打赏时，其传播力和价值感才会更高。要想做到这些，笔者认为，可从文案的结尾、引导语设置和文案内容等方面着手。本章就介绍 7 种提高文案分享或打赏的手段，希望能帮助自媒体文案作者用内容引爆读者，让互动升级。

- 首尾呼应，才能印象深刻
- 号召用户，才有强感染力
- 推送祝福，打动读者内心
- 抒发情感，引起读者共鸣
- 展示外在形象，刺激读者打赏
- 巧妙设置，让打赏逐渐形成习惯
- 互惠心理，引导读者主动付费

044　首尾呼应，才能印象深刻

首尾呼应法，就是常说的要在文章的结尾点题。自媒体文案作者在撰写文案时，如果要使用这种方法结尾，就必须做到首尾呼应——文章开头提过的内容、观点，在正文结尾的时候再提一次。

图 5-1 所示为一篇以首尾呼应法结尾的题为"再见，唯一火了 20 年的国产喜剧"的自媒体文案。该篇文案围绕《外来媳妇本地郎》这一喜剧展开论述，由图可知，文案的开头和结尾明显是相互呼应的。

可当它真正静音，又总觉得缺点什么。

不止Sir。

相信每一个广东人，或者在广东打拼过、生活过的外地人，都有同感。

逝去13年的"他"；

陪伴我们20年的"它"。

都值得我们好好说声"再见"。

(1) 开头

两个字同样说出Sir的心情。

斯人已逝，我们缺的只是一次正式的告别。

告别过后，我们也能安心前行。

最后一次。

点开这首熟悉的BGM，再看一次他的笑脸。

就是最好的"再见"。

(2) 结尾

图 5-1　以首尾呼应法结尾的自媒体文案

一般来说，很多自媒体文案都是采用总—分—总的写作方式，结尾大多根据开头来写，以达到首尾呼应的效果。如果在正文的开头，作者提出了对某事、某物、某人的看法与观点，中间进行详细的阐述，到了文案结尾，就必须自然而然地回到开头的话题，进行完美的总结。

首尾呼应的写法，可以起到强调主题、加深印象以及引起共鸣的作用，引导读者对文案中提到的内容进行思考。同时能让结构显得严谨紧密，内容完整，达到全文意思自然明确的效果。很多文章都采用了这种结尾方法。

如果自媒体文案作者想要让读者对自己传递的信息留下深刻印象，那么首尾呼应法是一种非常实用的方法。

045 号召用户，才有强感染力

如果自媒体文案作者想让读者加入某项活动中，如邀请读者参与抽奖、集赞、留言以及问答活动等，就经常会在文案末尾使用号召法来结束全文。同时很多公益性的自媒体账号推送的文章，运用这种方法结尾也是常见的。

使用号召法结尾的文案能够让读者在阅读完文案内容后，产生共鸣，从而产生更强烈的意愿——愿意参与文案中发起的活动。

图 5-2 所示为"手机摄影构图大全"微信公众号推送的一篇介绍利用手机 App 进行后期制作的酷炫摄影大片的文案，其结尾写法采用的就是号召法。

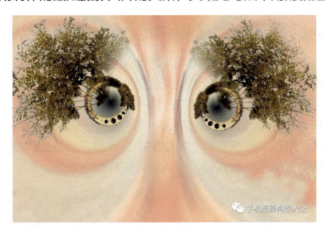

图 5-2 "手机摄影构图大全"公众号推送的以号召法结尾的文案案例

图 5-2 中的自媒体文案，在结尾处以欢迎大家分享经验的口吻鼓励读者留言，且在前一段中的两个疑问句的引导下，有相关经验的读者是愿意接受自媒体文案作者的号召、积极留言的。

再来看一篇号召读者参与线下活动的自媒体文案。图 5-3 所示为"茶颜悦色"微信公众号推送的一篇以号召法结尾的文案。

由图可知，在文案的结尾处，作者首先介绍了策划活动的努力，然后摆出读者参与活动能获得的福利，最后用"这周末，带上你的积点，我们在悦方不见不散"结束全文。文案所传达出的号召力十分明显。

活动的创意去年年底就萌生了，筹备了很长时间，我们心里有很多忐忑，设计师对东西能否受欢迎心里没底，团队对大家手里的硬通货数量也没把握。我们做奶茶是专业的，对品质有底气也敢说自己性价比高，但这些周边毕竟不是自己的生产线，已经尽力找了好厂家，更想靠创作赋予概念新的生命力。

一年一度的重磅活动，我们将定价和兑换的积点数都压到了最低，因为想把"回馈"两个字做到真实和真诚。

除了线下集市外，大家等待已久的██充值（送钱）活动也将同步上线，茶颜史上力度最大的充100送50活动，详细信息将在5月9日的推送中发布。

这是茶颜的第一届██，在2019年的五月因为你我而发生，希冀将来有更多个相聚的五月，因为你我而长久。

这周末，带上你的积点，我们在悦方不见不散。

图 5-3 "茶颜悦色"微信公众号推送的一篇以号召法结尾的文案

046 推送祝福，打动读者内心

祝福法是很多自媒体文案在文章结尾时会使用的一种方法。因为祝福式的结尾能够向读者传递一份温暖，让读者在阅读完文章后，感受到自媒体账号对自己的关心与爱护，这也是能够打动读者内心的一种文章结尾方法。

图 5-4 所示为"十点读书"微信公众号推送的一篇以祝福法结尾的文案。在这篇题为"凡是错过，皆是安排"的文案中，作者在结尾处向读者表达了真切的祝福——"愿你，余生，有人爱，有人懂，护你余生安好。"

图 5-4 "十点读书"公众号推送的以祝福法结尾的文案

另外，文案结尾处的其他话语，在表达祝福的同时也提出了正确的做法和人生勉励——"不沉湎过去，不迷恋悲伤""不恋过去，不畏将来""不慌不忙地坚强"。

图 5-5 所示为"日食记"发布的文案，这篇文案的结尾对读者表达了衷心的祝福，成功俘获了他们的心。读者看到这样的结尾，是会忍不住点赞的，也会主动分享，因为他们也希望传递这样一份祝福给亲朋好友。同时，看到这样的祝福，读者也会愿意阅读正文文案结束后作者介绍的美食制作方法。

图 5-5 "日食记"公众号推送的以祝福法结尾的文案

047 抒发情感，引起读者共鸣

在用抒情法撰写文案结尾的时候，一定要将自己心中的真实情感释放出来，这样才能激起读者情感的波澜，引起读者的共鸣。使用抒情法作为收尾，通常较多地用于写人、记事、描述的自媒体文案中。

图 5-6 所示为"十点读书"微信公众号推送的一篇以抒情法结尾的文案部分内容展示。

这篇题为"所有的失去，都会以另一种方式回归"，从标题来看，这就是一篇抒情式散文。在结尾处，作者更是紧扣标题，用充满感情的话语来表达，能打开无数有着相同经历或感受的读者的心扉，形成了强烈的情感共鸣，从而促进文章的转发和传播。

所有的失去，都会以另一种方式回归。

就像跷跷板，只有一边低了，另一边才能高。

鱼与熊掌，往往不可兼得。

只有舍弃了一边，才能成就另一边。

那些你所失去的，其实是在帮助你获得一种得到。

如果事与愿违，请相信一定另有安排。

当你因为失去而懊悔不已时，或许转角，就能收获另一种馈赠。

图 5-6 公众号推送的以抒情法结尾的文案

专家提醒

抒情式的结尾不仅能打开读者心扉，产生共鸣，还能深化文案的主题，进一步加深读者的阅读印象。

比如，本来文案只是在简单述说一个与主题相关的故事，而抒情式的结尾则能为故事提供升华的动力，进一步为文案添加丰富的内涵，让文案的内容成功上升一个层次，达到更高的境界，如图 5-7 所示。

图 5-7 中的文案，从一个 29 岁女孩辞职去北京闯荡的故事谈起，看似普通的一件事和一种个人选择，且在文案标题中写道"我 30 了，第一次来北上广。这一天来得太晚了"，似乎是不赞成故事中女孩的做法，然而通篇读下来，发现出现了反转的情况，并在撰写抒情式结尾后让文案主题实现了升华——有勇气出走，踏上追寻理想的道路，才能看到风景。

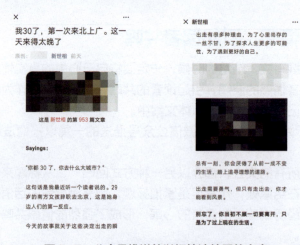

图 5-7 公众号推送的以抒情法结尾的文案

除了写人、记事、描述的自媒体文案外，说明文与议论文也可以用抒情式结尾，只是较为少见，可能文案中的相关内容也比较少。图 5-8 所示为一篇以抒情法结尾的说明文案例。

> 那么，怎么样才能更准确的预测情绪呢？当然也得从焦点效应和意义建构两方面着手。
>
> 在预测自己对未来的一件事情的情绪反应时，也把同时可能发生的其他事情纳入考虑，比如要考虑明天收货拆快递会让我有多高兴，就可以想想今天都发生了些什么事，明天可能会发生什么事，现在心情如何，如果是现在拆快递会有多高兴。
>
> 无意识的意义建构确实很难纳入考虑，但"洞悉人性"本身或许就有点帮助——很难像预想的那么快乐是人性所致，不可强求；而对于消极情绪，每个人本身都有很强的应对能力，那些不敢去尝试的，对你来说或许并没有那么可怕，那些不敢放手的，放手或许也并没有那么糟糕。时间总会让所有快乐褪色，也抚平所有伤痛。

图 5-8　以抒情法结尾的说明文案例

由图 5-8 可知，这是一篇介绍情绪预测相关知识的说明文，但在文案结尾处却采用抒情手法来表达，特别是最后一句"时间总会让所有快乐褪色，也抚平所有伤痛"，蕴含着深厚的哲理和浓厚的情感。

048　展示外在形象，刺激读者打赏

打赏，是读者在阅读文案或其他原创内容时，在明明可以免费阅读的情况下却甘愿付费的一种行为。那么，是什么原因让读者产生这一行为呢？笔者认为，通过打赏展示读者自身的外在形象便是原因之一。

人是群居动物，展现出来的外在形象是其生存于世间的表现，它影响着个人与其他人的相处，也能对个人在社会中的地位和价值产生影响。因此，人们一般希望展现出一个好的外在形象，为自己加分。

在自媒体平台上，不仅集聚在一起、共同关注某一自媒体账号的读者与读者之间绝大多数是陌生的，而且读者与作者之间一般也是隔着平台交流的陌生人。在这样的情况下，读者的外在形象可以通过什么方式展现出来，最终获得其他人的信任和认可呢？

在笔者看来，打赏和留言评论就是比较理想的方式。在此以"连岳"微信公众号为例，从打赏的角度来进行介绍。

1. 内容优质

对读者来说，内容优质是打赏的最主要的前提。因为只有内容优质，读者才会愿意打赏，同时也只有内容优质，才能在一定程度上展现读者的外在形象。那些内容不优质、观点不正确的文案，如果读者也去打赏了，是不是说明该读者的

欣赏水平和生活态度存在问题，是会影响其在自媒体平台上的外在形象的。

在优质内容方面，"连岳"微信公众号是被公众所认可的——以其个性化的观点、深入的解读等特点打造出优质内容，让读者纷纷议论和产生认同感。

2. 高级感的账号

一般来说，有了优质的内容，那么经过一段时间的积累，想要形成大号也是没有任何问题的。然而并不是所有集聚了粉丝的大号就能让读者为文案打赏的。在笔者看来，一个有着高级感的账号更能刺激读者打赏。那么，自媒体账号怎么成为一个有着高级感的账号呢？

关于"连岳"这一自媒体账号，其高级感主要体现在两个方面，一方面，还是与优质的内容有关。连岳的所有原创的文案内容，都有着自己的独特见解，在年轻读者群体中有着较高的知名度，并不是为了凑够每天的发文数量而胡乱写作的。

在笔者看来，要想让自媒体账号看起来高级，首先就应该通过文案的质量反映出来。优质内容是具有高级感账号的必要条件和重要表现。试想一下，如果一个自媒体账号的内容质量平平，甚至比较差，那么无论该账号在其他方面设置得多么高大上，其所谓的高级感也不会被读者所认同。

另一方面，"连岳"这一自媒体账号的高级感还体现在其设置上。从这一方面来看，主要体现在功能介绍上，如图 5-9 所示。

连岳

把最好的理念传递给最多的人。

图 5-9 "连岳"的功能介绍设置

由图 5-9 可知，"连岳"的功能介绍是"把最好的理念传递给最多的人"——话语非常简洁，但是其中所代表的账号的形象却能让读者动容。读者成为"连岳"微信公众号的关注者，就会自然而然地把自己代入进去——自己也是接受了"最好的理念"洗礼中的一员，是"最多的人"中的一员，并没有掉队。

此时再阅读"连岳"微信公众号的文案，无论是那些最先打赏的读者，还是那些看着别人打赏，自己也跟着打赏的读者，都会有一种意识——我给"传递最好的理念"的有着高级感的自媒体账号打赏,就表示自己是认同的,这样自身的外在形象或许也能提高。

3. 能提升形象的引导语

不知道大家是从什么时候开始关注"连岳"的,也不知道大家是否翻看过这一账号创立以来的所有的原创文案。如果是阅读过该账号所有的原创文案的读者,就会知道,在文案打赏标识"喜欢作者"的上方,都有一句引导语。

当然,后期"连岳"微信公众号的打赏的引导语使用的是"我和连岳一起成长",这一句引导语明显是能提升读者形象的。只要读者打赏了,就表示读者把自己与作者连岳放在了相同的高度,大家一起成长,而且"成长"一词本身就具有提升形象的含义。因此,这样的引导语能充分补足读者在互联网上的外在形象标识,对刺激打赏有着非常重要的意义。

另外,"连岳"微信公众号打赏的引导语是根据每篇文案的主题内容来设置的。图5-10所示是"连岳"公众号最初的开通了原创、赞赏功能的两篇文案的打赏引导语设置。

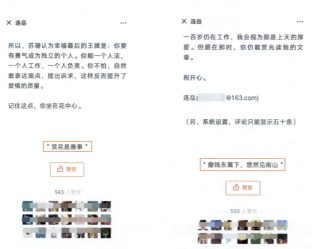

图5-10 "连岳"公众号的打赏引导语设置

由图5-9可知,前者的打赏引导语是"赏花是雅事",而全文是围绕花而论述的,阅读文案从某一方面来说也是赏花,同时此处的"赏"还有打赏、赞赏的意思,而做雅事是能提升打赏者形象的,那么此时无论是从阅读文案来看,还是从赏花本身来看,读者都是愿意做雅事的,自然会刺激他们打赏。

后者的打赏引导语是"撒钱东篱下,悠然见南山",这篇文案的主题是陶渊明,他作为一个隐士,作为一个"不为五斗米折腰"的典型代表,自然是高雅之士。在此化用陶渊明的"采菊东篱下,悠然见南山"诗句,就让打赏这一充满铜臭味的举动瞬间从世俗中剥离出来，那么此时的"撒钱"为作者打赏自然也是一件能提升读者外在形象的高雅之事了。

049 巧妙设置，让打赏逐渐形成习惯

打赏是一种主动付费的举动，与西方国家的给小费一样。但是两者之间是有区别的，即对自媒体平台而言，打赏还远没有达到形成习俗的程度，而西方国家的给小费已经成为一种默认的社会习俗。

自媒体文案作者想要获得更多的打赏，就应该从把打赏变为一种应该遵守的社会习俗和阅读习惯方向努力，这样就能激发读者的群体力量，增加读者的打赏行为。那么在打赏还没有成为社会习俗之前，自媒体文案作者应该怎样让这一目标实现呢？下面将从两个方面进行介绍。

1. 利用引导语来激发

上一小节中提及了利用能提升外在形象的引导语来刺激打赏的方法，在此笔者将继续从引导语出发，介绍如何利用它来激发读者的群体力量，让打赏成为一种"习俗"。

其实，上文中提及的"我和连岳一起成长"这一引导语除了能提升读者的外在形象外，同样具有激发读者群体力的作用。因为打赏的人被归为"和连岳一起成长"这一群体，他们是认同文案中"最好的"理念的一群人。在这样的情况下，那些不准备打赏或在犹豫是否要打赏的人，就很容易受到群体力的激发而打赏。

图5-11所示为笔者的"胡华成"头条号的打赏语设置。

2. 成为大咖，让打赏逐渐成为习惯

对自媒体文案作者来说，除了利用引导语来激发读者群体并打赏外，最有效的方法是成为自媒体某一领域的大咖，利用自身人格魅力来吸引读者打赏。

下面以"连岳"微信公众号为例进行介绍。在众多自媒体账号中，"连岳"微信公众号有一个很大的特色——它不仅是自媒

图5-11 "胡华成"头条号的打赏语

体大号，而且还是一个能获得高额打赏收益的大号。

笔者在阅读"连岳"微信公众号推送的原创文章时，不禁感叹，这一自媒体大号的打赏人数都是数百、数千甚至数万，其他文案创作领域的自媒体大号远远达不到这个数量。"连岳"微信公众号的原创文案有作者的独特观点，确实优质。但是其他一些大号同样也有优质内容，为什么不能获得高额打赏收益呢？

在笔者看来，与该自媒体大号多年以来的打赏"习俗"有关。因为自从该自媒体大号开通赞赏功能后，每篇原创文案都有读者打赏，读者已经形成了看到"连岳"的优质文案，在自己认同或有同感的情况下打赏的习惯。

因此，那些想要获得打赏收益并有可能成为细分领域大号的自媒体，应该逐渐培养起读者的"看到优质内容就打赏"的习惯。只要走好了第一步，后期就会更加顺利。对读者来说也是如此，只要有一位读者打赏，其他读者在认同的情况下也会愿意贡献一些打赏费的。

050　互惠心理，引导读者主动付费

作为一个注重礼尚往来的民族，在工作和生活中，当自己接受了别人的恩惠后，就会产生一种"欠人情"的感觉，于是就想着怎么来回报别人的恩惠。在这样的互惠心理下，自媒体文案作者可以从为读者提供"恩惠"出发，然后让读者主动付费。

怎样才能为读者提供"恩惠"，让读者觉得受惠呢？在笔者看来，互惠作为一种主动付费动机，可从3个方面着手，具体分析如下。

1. 阅读文案后觉得有收获

对读者来说，当他们在阅读文案后会感到有所收获，也会产生受惠心理，于是激起读者打赏欲望。当然，这样能让人有所收获的文案也会让读者乐于转发和分享的。图5-12所示为"连岳"微信公众号推送的一篇题为"你爱你的孩子？那最好成为他的偶像"的文案。该篇文案刚发布1天，就获得了840多人的打赏。

笔者阅读完这一篇文案，就深深地被作者提出的观点所折服。相信那些孩子家长也会被文中提到的故事所感动，会对文中提及的"教育的最大成就"是"成为你孩子的偶像"表示赞同，会觉得大有收获的。图5-13所示为该篇文案的一些留言。

从文后的评论中即可看出，很多读者都会从文案中获得启发和收获，这些读者都会觉得自己是"受惠"的，想要让这些读者主动付费并不难。

自媒体文案写作从入门到精通

你爱你的孩子？那最好成为他的偶像

原创：连岳 连岳 昨天

Henri Rousseau, The Sleeping Gypsy

陌生人更容易成为偶像，陌生的国度更容易成为理想国。这往往是一种心理现象，代表着一种心理弱点，但却有仰慕的表象，比较难甄别。

在人们的议论中，经常可以听到这样的对比：中国孩子读书辛苦，外国孩子读

 连岳

力。你成为你孩子的偶像，成为他的力量来源，让他在熟悉的当下，就有方法与工具，这可能是教育的最大成就吧。

推荐：不怕别人变好
上文：活下去，活得好

连岳

"我和连岳一起成长！"

841 人喜欢

图 5-12　"你爱你的孩子？那最好成为他的偶像"文案部分内容

连岳

精选留言　　　　　　　写留言

👍 1349
感谢连叔的语重心长，有时也会想"别人家的孩子"怎么什么都那么好，不需要父母操心，其实是为自己的偷懒和懦弱找借口，你只看到了"别人家的孩子"，却没有看到"别人家的父母"。

👍 966
我也谈一件对我意义深远的事。

我一直很佩服妈妈，自己也希望能做到妈妈那样。

连岳

👍 230
连叔，言传身教，作为父亲和班主任，一定要做好！

多小时。直到两周前，我才下定决心一定要做出改变，先在连叔的"本周很重要"的栏目下，写下自己的留言，坚持晚上查寝回家后，就把手机放在客厅里，白天的事情都不要想。现在白天精神状态好多了，能抽时间带儿子出去转转，并且能更耐心的辅导学生。希望我能坚持下去，谢谢连叔！

图 5-13　"你爱你的孩子？那最好成为他的偶像"文案的一些留言

2. 提供实体化的收获

对读者来说，一方面更愿意提供去货币化的打赏，也就是让他们提供虚拟物品的打赏，让他们觉得付出的不是钱，从而降低感知打赏成本；另一方面更愿意接受实体化的收获，也就是他们想要获得实实在在的、看得见的收获，而不是文案中提出的有价值的几个技巧或方法。

例如，一个摄影公众号，在通过文案提供上百种摄影方法和提供关于摄影的电子书，那么后者更容易激发读者的打赏行为。因为电子书对读者来说是更具形体的实体化的收获，是为"我"所有的，而前者只能称得上是虚拟的内容服务。

3. 提高"受惠"的感知成本

一般来说，人们喜欢用付出的时间和精力来衡量事物的价值，也喜欢用成果来衡量事物的价值。无论是哪一种，如果自媒体文案作者能从这两个方面出发来提高自媒体文案带给读者的"受惠"成本，那么读者的打赏自然也会更高。

(1) 付出的时间和精力成本。

从付出成本的角度出发，自媒体文案作者可以在文案中明白地表达出来，自己创作文案或做某一件事花费了多少时间和精力成本，让读者感受到文案作者确实是辛苦、认真的，这样就可能会基于"劳而有所获"的心理给予打赏。

(2) 有成果的事物价值。

一般来说，我们既要注重过程，也要关注结果。对读者来说，提供有价值的成果更受欢迎。就如上文提及的摄影电子书，它就是摄影自媒体的成果——相对于文案中的摄影技巧，电子书的感知成本明显更高。如果自媒体文案作者能在介绍电子书时清楚地提供相关数据，如多少个示例、多少种方法等，就会更受欢迎。

第 6 章

文案广告：6 种技能，让读者喜欢并争相购买

学前提示　对人们来说，当看到精彩之处时，突然出现广告是极为影响观感的。自媒体文案也是如此。一般来说，人们讨厌广告，对广告是零容忍的。那么怎么转变这一状态，让零容忍变为 100% 容忍，让讨厌变为喜欢呢？本章将为大家介绍提升读者对广告容忍度的 6 种技能，进而提升自媒体的带货水平。

- 人格魅力，让读者甘愿为带货开绿灯
- 直白推广，避开内容雷区以免惹怒读者
- 商品表现，三大方面提升带货容忍度
- 迎合需求，让读者乐于点击和购买
- 抓住卖点，撰写 4 种高转化率文案
- 打造卖点，从无到有撰写高转化率文案

051　人格魅力，让读者甘愿为带货开绿灯

处于社会生活中的人，他（她）之所以能获得大家的喜爱，其原因就在于其有着健全的人格，正是因为人的这一人格特征，赋予了他（她）无穷的魅力，进而产生令人爱戴和尊敬的凝聚力。

自媒体文案也是如此，它之所以能吸引读者关注，即使文案中有广告，也不会让读者讨厌，原因之一是其平台内容有着自身的"人格魅力"，形成了一种"魅力人格体"，其中心要点就在于"人格"和"魅力"。接下来，本节将针对这一问题的两个要素，以"Sir电影"微信公众号为例，进行详细论述。

1. "人格"要素

"人格"二字，是存在于每一个人的意识和字典里的，且在每一个人身上的具体体现又不相同。对于"Sir电影"这一微信公众号而言，其平台内容的人格主要表现在两个方面，具体内容如下。

(1) 平台人格。

所谓"平台人格"，即"Sir电影"这一微信公众号平台所具有的鲜明的个性特征。在众多平台基于技巧和宣传痛点而侃侃而谈平台的共通性和同质化，以便追求宣传的大众化和扩散的时候，"Sir电影"却另辟蹊径，致力于打造全新的凸显自己个性的内容平台。

这一做法对传统媒体而言，是一种不理性和不中立的颠覆行为。然而，在"Sir电影"看来，这恰好符合其充分展现个性和特点的"自媒体"身份的最真实和典型的写照。

图6-1所示为"Sir电影"针对电影《阿丽塔：战斗天使》而撰写的一篇观点鲜明的自媒体文案。

在图6-1所示的文案中，作者从一个热爱电影的人士的角度对电影《阿丽塔：战斗天使》进行了剖析。在叙述方面，着重关注其中女主人公阿丽塔打戏这一小的看点，对影片中的打戏进行了解说——在呈现影片中打戏的同时，还与众多电影、明星的打戏进行对比，另外分为设计、武器、变化这3个知识点来诠释这一部影片"好看又能打"的特点。

(2) "家族"成员人格。

除了在平台内容方面全力打造一个异于其他平台的运营方向，在其核心价值构建上更是有着其自身的发展思路和方向——发展其"魅力人格矩阵"，即IP家族。如今，其"家族"成员已经发展了多个个体，如Sir（毒Sir）、毒眸（眸爷）、山治和肉叔等，如图6-2所示。

第 6 章 文案广告：6 种技能，让读者喜欢并争相购买

图 6-1 "好看又能打，难怪你一夜爆红"文案

图 6-2 "Sir 电影"的 IP 家族成员举例

"Sir 电影"微信公众号利用其成员中的个人不断发展的影响力，不断做着"家族"成员在"人格"方面的质变提升的关键工作——平台内容的数量积累和质量的优质加工。

"Sir 电影"无论是平台还是其塑造的 IP 家族成员，都有着鲜明的人格特征，因此，自媒体可以通过关注平台的读者和读者关注的内容进行用户画像，这对于

产品和品牌推广有着非常重要的作用，具体如下。

- 对推广产品而言，可以锁定品牌偏好；
- 对广大用户而言，可以界定性格偏好。

2. "魅力"要素

在自媒体运营过程中，"Sir 电影"在确立了其平台及成员的鲜明"人格"的基础上，接下来思考的就是怎样让这些鲜明的"人格"特征产生的魅力被用户所关注，并推广和宣传开去。

在"Sir 电影"的自媒体运营理念中，其平台媒体本身所吸引到的粉丝是可以与品牌进行合作的，并通过这种合作促成其人格魅力影响的进一步延伸和宣传品牌的价值辐射。

正是通过这种相互之间的合作，使得"Sir 电影"自媒体魅力的对外影响反过来又能促进平台用户的增加和粉丝的凝聚。

这一运营理念的形成是建立在其魅力人格矩阵成员有着鲜明的个性特征基础上的，但这种人格产生的魅力却是相通的，特别是在对外的引流和企业品牌价值辐射方面。

052　直白推广，避开内容雷区以免惹怒读者

对自媒体来说，推广产品是一种有利的营销和变现方式，也是自媒体运营和存在的重要意义所在。下面介绍两种不同类型的专注营销的自媒体文案。

1. 促销式自媒体文案

专注促销的自媒体文案，从字面意思来看，就可以知道是一种直白的推广方法。在笔者看来，与其在文案中添加众多促销信息，不如直接专门安排一篇文案来促销。这样一来，那些只想获取内容价值的读者不会因为其中有促销信息而影响阅读体验，而那些看到标题和封面后对促销感兴趣的读者自然会点击促销的文案。

当然，那些自媒体推送的有着巨大的个人魅力、内容优质和用户黏度高的文案，在文案末尾或中间插入促销信息，一般也不会对文案的阅读量、转发率产生太大的影响。如果自媒体平台认为自己或推送的文案还没有让读者产生极高的认可度，那么还是安排专门的文案来推广促销信息比较妥当。

对于专注促销的文案而言，越直白越好。它是用得比较多的一种文案营销方法，也是比较经典的一种营销手段。直接简单的专注促销的自媒体文案拥有变现的神奇力量。那么，在打造这样的文案时，应该怎么做呢？是不是简单地陈述事实就好了呢？实际上，撰写专注于促销的自媒体文案时，作者需要掌握如图 6-3 所示的 5 点技巧。

专家提醒

除图6-3所示的5点技巧外,在撰写专注于促销的自媒体文案时,还要注意两点:一是可以适当加入一些创意,二是要让读者感到自己赚到了、物超所值,并且通过适当增加时间限制的方式,促使有购物需求的读者产生紧迫感。

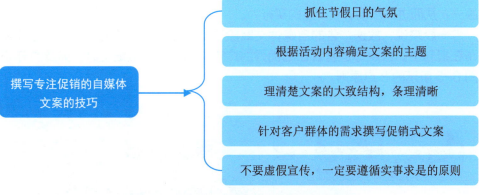

图6-3　撰写专注于促销的自媒体文案的技巧

下面来看一篇"六一"儿童节专注促销的自媒体文案案例,如图6-4所示。

图6-4　"六一"儿童节专注促销的自媒体文案部分内容

图6-4所示的这一篇自媒体文案,它在产品或活动的图片上搭配了促销标签——以"六一"儿童节为中心,突出折扣活动等。一般来说,有着促销标签的

文案通常通过"攀比心理""影响力效应"等因素来吸引受众的注意力。

2. 广告式自媒体文案

放送广告的自媒体文案是文案中广告性质较浓厚的一种，一般由专门的撰稿人负责组织撰写。它的特征在于：投入资金少、吸引消费者目光、增强产品销售力以及提高产品美誉度。

这种放送广告的自媒体文案，能够通过自身的魅力和特点，大力吸引读者的眼光，从而进一步引导其产生购买行为。

一般来说，放送广告的自媒体文案除了发布在各大权威的网站上，还会发布在报刊上。自媒体运营者在把优秀的广告文案投放在报纸上时，需要遵守如图6-5所示的3点原则。

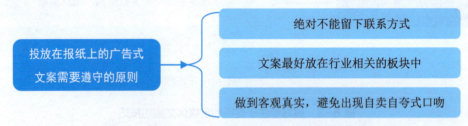

图6-5　投放在报纸上的广告式文案需要遵守的原则

在写作技巧方面，选择一个个点还是一大段的文章，要根据作者的文字功底而定。若是文笔欠佳，推荐采用前一种方式写出产品的卖点。放送广告的自媒体文案的主要任务是引起读者购买的冲动，所以最后一段需要再次强调商品特有的销售点、价格优势或者赠品。那么，在撰写放送广告的自媒体文案时，究竟应该怎么做呢？下面详细介绍6点技巧，如图6-6所示。

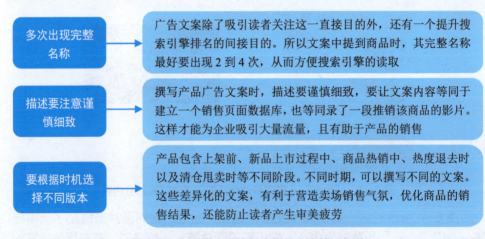

图6-6　撰写放送广告的自媒体文案技巧解读

| 实事求是写入有效信息 | → | 在写文案前，可以想一想：产品或企业有没有得过什么奖？企业品牌是不是行业中的销售冠军？是哪个网站口碑最佳的商品？或者产品是否有绝对的价格优势？诸如此类。理清楚思路后，再把有效信息写入文案中。不管文案作者功力如何，只要这个企业有优势和特点，都可以写在文案中 |

| 注意图文并茂 | → | 放送广告的自媒体文案的要点在于吸引读者的视线，将之转化为顾客。因此，相比较于令人头疼的大段文字，图文并茂的效果反而更好。在文案中配上一两张形象的图片，加上到位的图片描述，阅读量会远远高于纯文字式文案 |

| 巧妙利用精彩话术进行推荐 | → | 放送广告的自媒体文案可以通过优秀文案和其中的精彩话术，对读者进行引导和推荐，让读者把消费目标转移到文案最想要销售的商品上，而非读者想要买的商品。如果文案写得好，达到的效果将会更好 |

图 6-6　撰写放送广告的自媒体文案技巧解读（续）

图 6-7 所示为一篇专注某款产品的广告式自媒体文案。

图 6-7　专注一款产品的广告式自媒体文案部分内容

图 6-7 所示的这一篇自媒体文案，通过图文内容介绍来推销美味食品，这种促销方式比较常见，它主要凭借文字向读者推荐品牌的特色、卖点等信息。该篇文案围绕产品全面展开，为读者提供了准确的购物指导，从而进一步引发其购买欲望。

053　商品表现，三大方面提升带货容忍度

随着移动互联网的发展和智能手机的普及，人们能及时接收到的内容和信息越来越多，且形式多样。无论是在哪一种内容形式，其所具备的带货效果都是衡量自媒体能力的重要因素。

针对图文这一内容形式，自媒体应该如何撰写，才能提高读者对文案带货的容忍度？在笔者看来，可从以下 3 个方面着手。

1. 专门板块

与其在文案中添加众多促销信息，不如直接专门安排一篇文案来促销。其中就包含安排专门版块来推送商品。那么，此处所谓的"专门板块"，具体包括哪些类型的文案带货呢？下面笔者将以微信公众号这一自媒体平台为例，介绍文案带货的"专门板块"设置。

(1) 文案中插入带货。

一些优秀的自媒体和自媒体文案，可能会选择在文案中插入商品信息带货。虽然这样的安排可能会影响读者的阅读体验，如果设置巧妙，且是安排专门板块来推广商品，还是可行的。

在文案中插入商品，自媒体一般会选择在固定位置插入，如末尾，如图 6-8 所示。如果读者只对文案内容感兴趣，那么读者可以选择阅读文案的前面一部分，这样就能大大降低读者对插入商品信息的反感度。

(2) 多篇文案中的固定位置文案。

某些每天推送多篇文案的自媒体，可以选择头条外的固定位置来推送商品文案。上一节中的专注营销的自媒体文案，一般是采用这一方法来推广。图 6-9 所示为一个自媒体账号安排最后一篇文案来推广商品的自媒体文案案例。

采用这一方法来推广商品，对自媒体推广的商品感兴趣或曾经买过并有好感的读者，就会点击阅读固定位置的文案，而没有兴趣的读者，就会略过，只阅读头条这类他们认为有价值的优质内容。

(3) "菜单"。

在一些自媒体平台上，会安排多级菜单来为自媒体系统地推送内容。基于这一点，自媒体可以安排专门的菜单来推广商品。例如，"连岳"微信公众号除安

排了头条外的其他文案来推广商品,还专门安排了两个菜单——"连叔有赞"和"连叔有货"来推广商品,如图 6-10 所示。

图 6-8　在文案末尾插入商品信息的自媒体文案案例

图 6-9　自媒体账号安排最后一篇文案来推广商品的自媒体文案案例

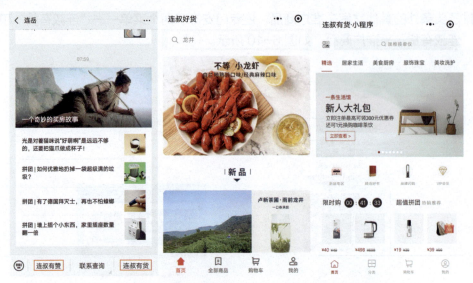

图 6-10 "连岳"微信公众号安排两个菜单推广商品

2. 标题

在撰写推广商品的自媒体文案标题时,作者应该注意两个方面:一是标题要吸引人,要能吸引读者点击,这样才能更好地推广商品。二是不能做"标题党",要让读者在受标题吸引而点击阅读后不会感到失望,也就是说,在标题有吸引力的情况下,还要求其与内容相符,如图 6-11 所示。

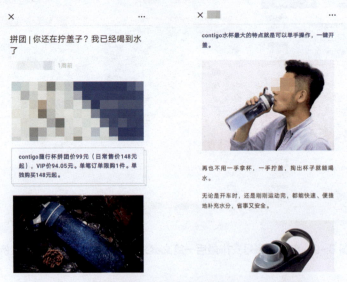

图 6-11 标题有吸引力的推广商品的自媒体文案案例

3. 封面

对于商品而言，图片的效果往往比文字更有说服力。因此，自媒体文案作者在利用文案带货时，首先就应该在封面上牢牢吸引住读者的眼球，从而让读者有兴趣进一步阅读。

在选择推广商品的文案封面时，应该遵循三大原则，即高清、独特以及紧贴文案内容。只有这样，才能为文案增光添彩。图6-12所示为封面能吸引读者的推广商品的自媒体文案案例。

图6-12 封面能吸引读者的推广商品的自媒体文案案例

054 迎合需求，让读者乐于点击和购买

上面3个方面都是基于提升读者对文案中广告的容忍度来说的，也是完全从自身出发来考虑的。然而自媒体文案毕竟是让读者阅读的，所谓"知己知彼，百战不殆"，因此，自媒体也有必要从读者的角度出发来安排广告文案内容。

也就是说，自媒体应该基于自身账号的定位来推广文案，同时也应该基于自身账号的定位来推出商品。只有这样，才能让读者乐于点击阅读商品广告文案，才能让读者在这些推广的商品中找到自己所需要的。

当然，当自媒体推送的文案中的商品是读者所需要和喜欢的时候，读者就会由反感变为喜欢，打破对广告的零容忍度，让读者100%容忍自媒体带货。

那么，自媒体应该如何迎合文案的读者定位的需求呢？首先就是要对自媒体进行读者定位。而关于自媒体的读者定位，将在第7章中详细介绍，在此就不再赘述。

055 抓住卖点，撰写4种高转化率文案

无论是什么样的产品，卖点都是产品销售经营的关键要素。卖点能把产品变成商品，实现获得利润的根本目标。尤其是对于新品而言，卖点更是直接决定了产品未来市场的生死。

例如，"六个核桃"饮品，它通过核桃的食用功效，与饮料相结合打造卖点，让六个核桃创造出了爆发式的销售热潮，如图6-13所示。从六个核桃的案例中可以看出，抓住卖点是新品销售的基础条件，没有卖点就没有销售。

图6-13 六个核桃的卖点展示

从产品本身而言，卖点的来源主要有两个方面，都是文案作者需要在文案中进行深入分析的，相关内容如图6-14所示。

无论产品卖点的来源如何，能够落实于营销的战略中，成为读者所接受、认同的，就能达到产品畅销的目的。

从新品销售的角度出发，抓住卖点的相关文案需要从4个方面入手，下面一一进行介绍。

1. 说明受众需求

在创作文案前，首先要了解需求说明文案的对象，也就是受众群体。一般情况下，新品的需求说明文案的受众并不是产品的直接受众，内容信息上也并不是

为产品的直接受众所准备的,从产品前端和文案审核两个方面出发,相关的受众信息分析如图 6-15 所示。

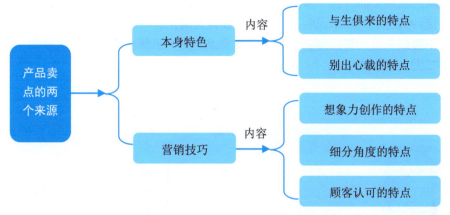

图 6-14　产品卖点的两个来源

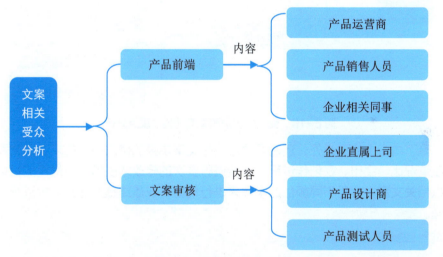

图 6-15　文案相关受众分析

> **专家提醒**
>
> 除了对文案的受众有明确的选定之外,在需求文档撰写前,对产品方向和最终产品用户的把握要足够强,从产品目的、销售到每个链接的含义,都需要有较为准确的定义。确切地说,当文案作者开始写文档时,相关的内容和需要注意到的方面应该已经万事俱备。

根据不同产品的不同要求，需求说明文案也会根据团队和产品的实际情况而确定详细程度。比如在互联网产品的需求说明文案中，削弱文档的沟通能力，加强团队的直接交流，进一步简化流程，实现互联网化的快速反馈、快速迭代，等等。这种情况下，需求说明文案的内容会极大简化。

下面以常见的新品需求说明文案的重点为主，了解重点的分层次展现，具体内容如图6-16所示。

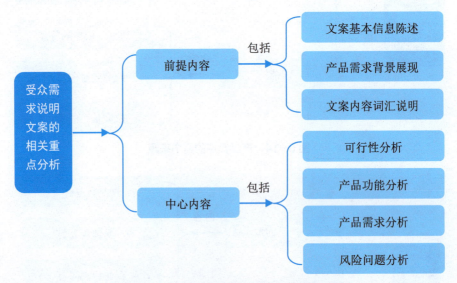

图6-16 受众需求说明文案的相关重点分析

除了内容上的重点外，还需要注意的是文案本身的修改——需求说明文案的修改情况比较突出，在创作过程中需要进行多次的修改才能够达成最终的目标，所以相关文案中会用不同颜色的字体来进行辅助，在最终提交的文案中进行统一处理。

2. 说明产品信息

产品说明文案属于较为常见的产品相关文案类型，主要是以文字的方式对某产品进行相对应的详细表述，使人能够更好地认识和直接了解某产品的相关信息。

在创作文案之前，要对产品的相关说明内容进行整体把握，同时产品说明文案的内容要实事求是，不可为达到某种目的而夸大产品的作用和性能，这是制作产品说明文案的职业要求。在文案创作之前，作者需要了解相关产品的具体情况，并明确相关产品内容的几个方面，如图6-17所示。

对于产品而言，其说明文案主要是针对产品的最终用户而言的。在内容上要求语言简洁，开头部分常常用概述的方法简要地阐明其性质和特点，有的甚至全文都采用概述的方法。

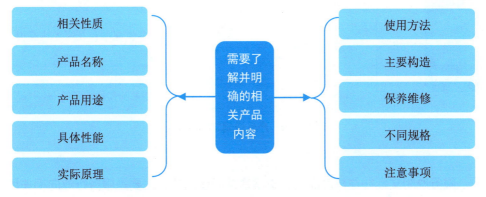

图 6-17　需要了解并明确的相关产品内容

需要注意的是，根据不同产品的功能、用法，其产品说明文案的写作方法也有较大的区别，但是文案的直接作用和目标是统一的，就是为了让读者能够尽可能直接地明白信息，相关分析如图 6-18 所示。

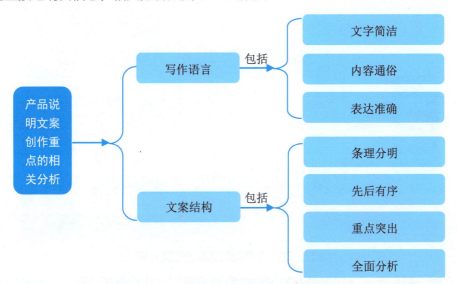

图 6-18　产品说明文案创作重点的相关分析

要把握重点，也就需要了解文案对于受众的主要作用有哪些。常见的产品说明文案的主要作用有说明指导、宣传促销、信息交流和强制指令等。大部分产品说明文案都包括上述内容和作用，但是由于标准的不同，产品说明文案也分为 3 种类型，如图 6-19 所示。

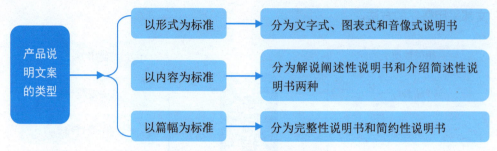

图 6-19　产品说明文案的类型

3. 说明服务详情

服务说明文案往往与产品说明文案是共同使用的，主要是服务行业向相关用户介绍自己所提供服务的性质、对象、收费情况及申请或使用这种服务的办法、条件等而使用的说明文案。

根据内容的不同，服务说明文案主要分为服务介绍说明、服务办法说明两种文案方式，相关分析如图 6-20 所示。

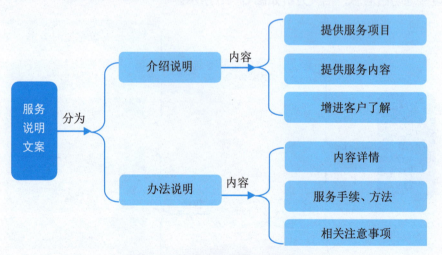

图 6-20　服务说明文案的相关分析

对于新品而言，服务说明的重要性需要根据产品的实际属性而定。一般情况下，文案内容是由产品相关服务直接导向最终受众的。

从全面性的角度出发，文案内容的写作可以同时涉及介绍说明和办法说明两种方式，其目标统一，让读者能尽可能地直接明白信息，相关分析如图 6-21 所示。

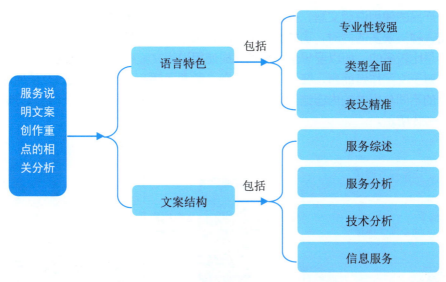

图 6-21 服务说明文案创作重点的相关分析

4. 说明使用事项

使用说明文案也可以被称作使用手册或用户使用指南,是常见的便捷式的产品信息集合体。相较于其他的内容说明文案而言,使用说明文案就显得更加多种多样,其写作格式也不拘一格,不可一概而论。其涉及的产品领域,也从虚拟到现实,但其整体上的目标是一致的,相关作用分析如图 6-22 所示。

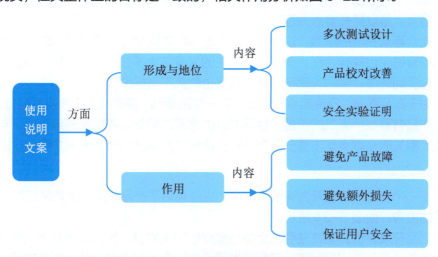

图 6-22 使用说明文案的相关分析

产品的使用说明文案，往往根据产品属性的不同和难易而定。现今社会产品丰富，种类繁多的同时，功能也较为复杂，大众接触各种产品及其使用说明书的机会是比较多的，所以要想全面性地完成使用说明文案有一定的难度。

对于文案作者而言，在进行创作之前，需要了解产品说明文案以及使用说明文案的不同与相关的内容结构设计。从实际的内容出发，相关的创作重点分析如图6-23所示。

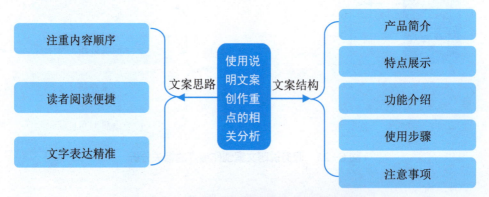

图6-23 服务说明文案创作重点的相关分析

056 打造卖点，从无到有撰写高转化率文案

在这个追求创新的时代，打造卖点甚至比抓住卖点更为重要，但从层次上而言打造卖点是以抓住卖点为基础的。

大众喜欢独特的东西，这种大众心理是自媒体文案作者必须了解的，因为其在市场营销中也同样存在。如果产品相关的文案与大多数的产品一样，那么产品就不会受到关注，买的人就不会多，肯定也就卖不出好价钱。

对于新品而言，打造卖点并不是一朝一夕的事情，需要从多个角度共同努力。即使产品有着独一无二的价值，也不能缺少文案的帮助。在实际的运作中，与打造卖点相关的文案类型主要分为产品开发评价文案和产品创业策划文案。

1. 产品开发评价文案

在一个完整的产品开发评价文案中，主要包括了产品开发所需要经历的8个阶段的内容，如图6-24所示。

产品开发评价文案往往要包含新品卖点的相关内容，比如需求说明、产品说明、服务说明和使用说明等。产品开发评价文案是新品文案中较为重要的部分，直接决定了产品后期的预计销售情况。

作为新品的产品开发评价文案，首先需要对新品进行定位。根据来源的不同，新产品至少可以分为两种,相关分析如图 6-25 所示。

图 6-24　产品开发经历的阶段

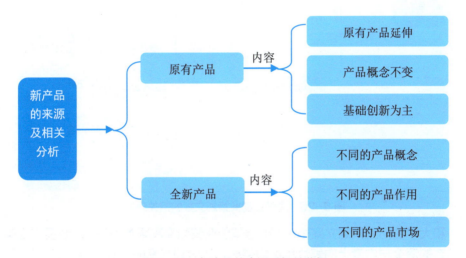

图 6-25　新产品的来源及相关分析

在成熟的企业中,根据原有产品进行创新而出现的新品较多,比如商家已经投放了普通的洗衣粉,接着又开发出了香味洗衣粉,这种新产品就是普通洗衣粉的延伸和创新,同样拥有新产品的概念。

在文案的具体创作重点上,产品开发评价部分主要集中于 5 个方面,也是文案内容的核心要点,即产品背景、产品定位、性能预期、成本预算和开发安排。

2. 创业策划文案

在主流的创业策划文案中,以大学生创业策划文案和市场型创业策划文案最为常见。两者存在一定的区别,尤其是针对新品上市的创业策划内容。大学生创业策划文案在内容上的要求较低,形式上较为自由,相关分析如图 6-26 所示。

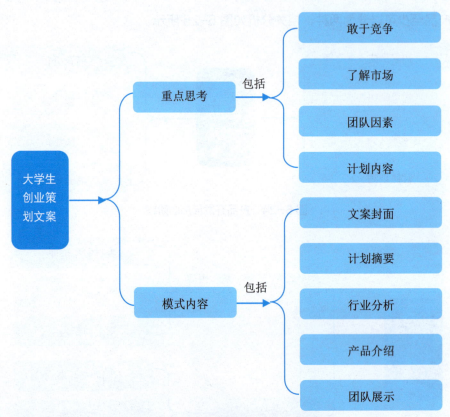

图 6-26 大学生创业策划文案的相关分析

和大学生创业策划文案相比，市场型创业策划文案更加严谨，同时要求更高，在内容的深度与广度上的表达也更加突出，是策划文案的中心内容。对于新品而言，能否在产品创业策划方面取得成就，直接关系到产品能否投入市场。

在市场型创业策划文案中，相关的内容分析如图 6-27 所示。

为了打动文案的读者，将产品推广出去，在文案的创作过程中，无论是大学生创业策划文案，还是市场型创业策划文案，都需要注意把握重点内容。根据互联网上对大量相关文案的分析，创作重点主要集中于如图 6-28 所示的 5 个方面。

根据目标的不同，创业策划文案的实际内容深度也有所不同。对于部分风险投资人而言，还需要了解产品的资本回笼机制，相关分析如图 6-29 所示。

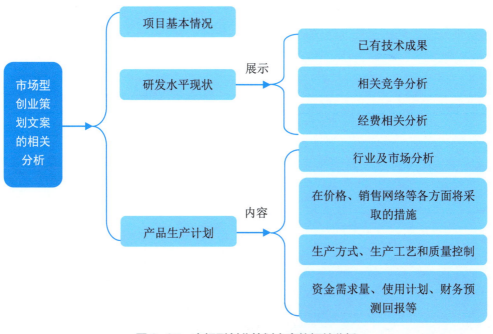

图 6-27　市场型创业策划文案的相关分析

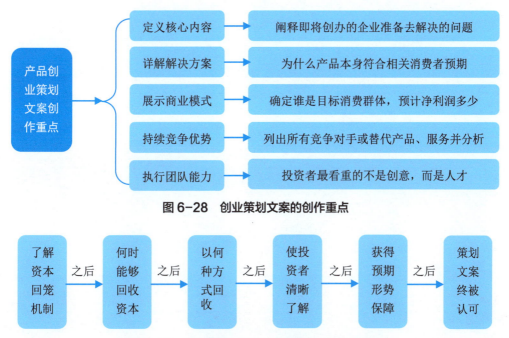

图 6-28　创业策划文案的创作重点

图 6-29　从投资人出发的创业策划文案相关分析

第 7 章

文案引流：11 个诀窍，引爆自媒体流量

学前提示

对自媒体文案作者而言，你的产品就是文案，读者就是你的用户，如果想要改变流量少、没有人看的状况，首先就应该围绕用户进行定位和引流。本章就从 11 个方面出发，介绍文案引流的方法，从而帮助自媒体人做好变现前的流量储备工作。

- 筛选价值大的用户群，这样才能赚得多
- 定义用户需求优先级，做好产品准备
- 总结用户各项属性，精准描绘用户画像
- 探索用户的行为路径，更好地服务用户
- 进行用户的分级管理，让推广更精准
- 尽量提高用户满意度，才能提升复购率
- 挑选好的"种子"用户，帮助推广
- 目标量化获取初始用户，用户渐渐增长
- 免费与付费并行，促进用户快速增长
- 让排名优化，才能被更多读者看见
- 进行巧妙应对，让下降排名迅速回升

057　筛选价值大的用户群，这样才能赚得多

一篇自媒体文案及其涉及的行业领域，其潜在的用户数量是很多的。而自媒体文案作者要做的事，就是把其中的目标用户筛选出来，作为自媒体文案推广和宣传的主要目标。至于目标用户的确定，就需要通过以下几个步骤来确定，具体内容如图 7-1 所示。

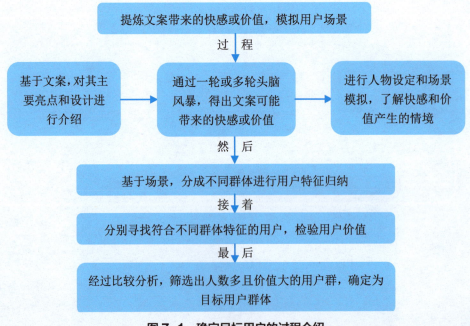

图 7-1　确定目标用户的过程介绍

要注意的是，在最后进行用户群体筛选时，自媒体文案作者要注意筛选的角度，这样才能让筛选出来的结果更加准确。具体来说，可从以下 3 个方面来考虑，如图 7-2 所示。

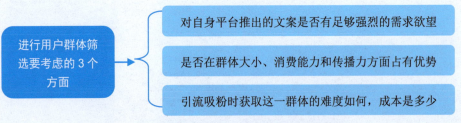

图 7-2　进行用户群体筛选要考虑的 3 个方面

058　定义用户需求优先级，做好产品准备

在有了明确的目标群体后，就需要了解他们的具体需求是什么，以便进行内容运营和具体产品的准备。

在进行目标用户的需求定位时，要结合具体场景。这样才能把目标用户群体与相应的场景、相应的需求进行匹配，如图 7-3 所示，这样才能初步了解用户需求。至此，就完成了用户需求定位的第一步。

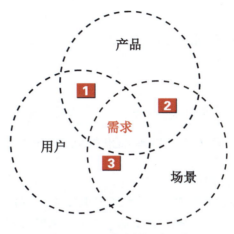

图 7-3　初步定位用户需求

关于目标用户群体与相应场景、相应需求匹配，图 7-3 已经一一标示出来，具体如下。

1 产品用户：处于产品与用户的接合部，把产品与用户相匹配，可以很清晰地展现目标用户群体。

2 产品场景：处于产品与场景的接合部，把产品与使用场景相匹配，可以很清晰地展现产品价值或功能。

3 用户场景：处于用户与场景的接合部，把用户与使用场景相匹配，可以清晰地展现相应场景的用户需求。

然后，把 **1**、**2**、**3** 结合起来，把用户、产品和场景串联在一起，就形成了在某一场景下关于某产品的某一用户群体的需求。如果把所有筛选出来的用户群体按照不同场景的产品使用，一一进行匹配，就可以把所有类型的用户群体的需求分析出来。这样，用户需求的初步定位也就完成了。

最后，自媒体人应该对整理和分析出来的用户需求进行需求优先级定义，过程如图 7-4 所示。

```
筛选需求
去除无法实现、价值低、不合理和不适合的使用场景的需求
            接 ↓ 着
挖掘需求
尽量对用户的真正目标进行仔细挖掘，找到他们真实的需求
            然 ↓ 后
匹配产品
针对用户的真实需求匹配文案产品，突出相应产品的价值和特色
            最 ↓ 后
最终确定
根据自身的资源和拥有的文案来最终确定用户需求的优先级
```

图 7-4　确定需求的优先级的过程分析

专家提醒

在确定需求优先级时，在"挖掘需求"阶段，自媒体文案作者要注意：有时用户想要什么，并不表示这是他们的真实需求。真实需求是需要自媒体文案作者仔细挖掘才能获得的。

059　总结用户各项属性，精准描绘用户画像

完成了目标用户定位和用户需求定位，接下来就是围绕具体的已确定的目标用户而开展工作。首先是了解目标用户本身，也就是对用户的属性进行总结，以便更精准地进行宣传推广。

一般来说，用户属性就是用户的身份背景。例如，微信公众号平台后台的"用户分析"，就包括"用户属性"的统计分析，有用户属性分布表，其中就包括了性别、语言、省份、城市、终端和机型 6 项内容，如图 7-5 所示。

图 7-5　微信公众平台后台用户属性分布表

在此就以"性别"这一属性为例，分析"手机摄影构图大全"微信公众号的

用户属性。在微信公众平台后台，如果自媒体文案作者想要知道用户的性别属性，就可以在后台的"用户属性"页面进行查看。图7-6所示为"手机摄影构图大全"微信公众号的用户性别分布图。

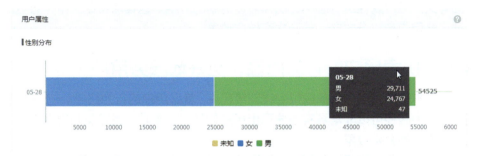

图7-6 "手机摄影构图大全"微信公众号的用户性别分布图

把鼠标放在分布图上，就能看到分布的数据，如果想要查看用户性别属性的详细数据，还可以在"用户属性"页面下方的"用户属性分布表"中查看详细数据，即图7-5所示的页面区域。

从图7-6中可以看出，该公众号男性成员比例和女性成员比例相当，男性用户比女性用户稍微多一些。自媒体文案作者要根据微信公众号的定位来判断这样的比例是否和微信公众号的目标用户群体相匹配。

因为用户的性别比例相当，所以自媒体人在发布图文消息的时候，要兼顾男性用户和女性用户的喜好、习惯和行为模式。这就要求文案作者对"摄影构图"的内容有更为精细化的分类。

专家提醒

笔者认为，自媒体文案作者可以将用户分为女性组和男性组，然后发布一些有个性的或者有针对性的内容。如针对女性用户，就可以发布一些和美妆、情感、闺蜜相关的摄影构图知识。而针对男性用户，则可以发布一些黑科技、美剧大片相关的摄影构图知识。笔者在这里只是举例说明，详细的策略还需要文案作者自行揣摩和研究。

同时，笔者想要提醒自媒体文案作者，一些自媒体平台（如微信公众平台）对每一位用户的信息都是保密的。因此，文案作者在对男女性别进行分类的时候可能会遇到困难，但是笔者可以教给大家一个方法，就是看用户的姓名和头像。

现在的人使用微信，很少会出现那种非主流的名字了。很多人的名字都比较有特点，通过名字就能知道性别是男是女，而且很多用户的头像也很有代表性。因此自媒体文案作者可以通过用户的头像和名字来辨别其真实的性别。

除了上文中提及的微信公众平台所展示的6项内容外，用户属性还包括身份、年龄、兴趣爱好、空闲时间和消费能力等方面的内容。当然，在分析用户属性时，并不是所有的用户属性的价值是一样的和必需的。文案作者可以根据需要，对与产品有关的用户属性进行总结，制作表述清晰的表格。这样能帮助文案作者更准确地了解用户和找准方向，提升文案推广效果。

060　探索用户的行为路径，更好地服务用户

把用户的行为用一条条虚拟的线连接起来，就是用户的行为路径。一般来说，用户的行为路径可以非常真实地体现出用户的喜好和需求，也可反映出自媒体人的运营推广能力和效果。

对用户的行为路径进行探索，可以让自媒体文案作者在定位和管理用户时脉络更清晰，方向更确切。因此，我们需要对用户的两条路径有一个清晰的了解，具体内容如图7-7所示。

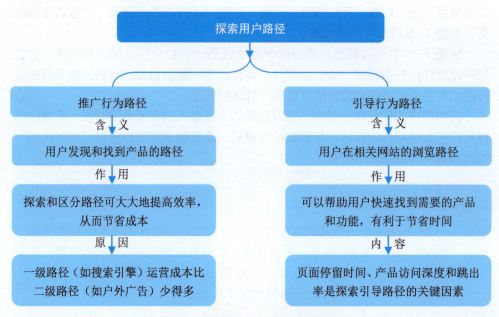

图7-7　探索用户行为路径的分析

061　进行用户的分级管理，让推广更精准

为平台吸粉引流是自媒体人进行用户运营的目标。当这一目标快实现时，自媒体人可能会发现，在吸粉引流的过程中出现了新的问题：用户增长太快，用户

数量太大，关于用户的管理及其与平台关系的维护无法达到预期的效果。此时，就需要进行用户分级管理了。

用户分级管理的出现，是自媒体人必须进行的工作，其原因就在于：自媒体平台工作人员的能力和精力是有限的，平台所属企业的资源和精力也是有限的，而其能投入运营中的资源和精力更是有限的。

对用户进行分级管理又是提升用户运营效率、更好地进行宣传推广的有效途径。既然如此，用户分级管理是必需的，又是有着重大价值的。那么我们应该怎样来对用户进行分级呢？

我们可以把传统商业的用于用户管理的 RFM 模型引入自媒体用户运营中，并定义其为：**1** R(Recency)，为最近一次登录和关注；**2** F(Frequency)，为特定时间内的登录次数和天数；**3** M(Monetary)，为产生内容或评论内容的数量。运用这一模型进行用户分级管理，具体含义和依据如表 7-1 所示。

表 7-1 运用 RFM 模型进行用户分级管理的依据

要素	具体含义和依据
1 R	最近一次登录和关注的时间越近越好，用户的敏感度更高，运营效果将更好
2 F	特定时间内的登录次数和天数越多越好，说明用户的满意度很高，愿意关注
3 M	产生内容或评论内容的数量越多越好，说明用户的价值很高，是很好的运营目标

专家提醒

在具体划分过程中，不同要素的等级层次的划分是可以不同的。

而在具体的用户分级管理中，可以基于表 7-1 中的 3 个要素，对用户行为分别进行层级划分。例如，可以把一个月的用户登录天数和次数划分为 F1、F2、F3、F4、F5 5 个等级，其他两个要素也可如此，然后汇总在一起，就可以把用户划分为 125 个等级进行管理。

当然，在划分等级的过程中，自媒体文案作者可以根据实际情况选择要考虑的要素有哪些、选择各要素划分的等级有多少、选择各要素划分的区间内容等。

062 尽量提高用户满意度，才能提升复购率

自媒体文案作者应该知道，不同的用户对产品的喜好和细节要求是不一样的，

而且有些用户喜欢"鸡蛋里挑骨头"。因此，不论多么好的产品和文案，总是有人不会感到满意。更何况是在不能保证产品、文案非常完美的情况下，用户的满意度更是会大打折扣。

运营者能做到的是，尽量提高用户的满意度，让其无限接近于100%。那么，我们应该怎样做呢？具体内容如图7-8所示。

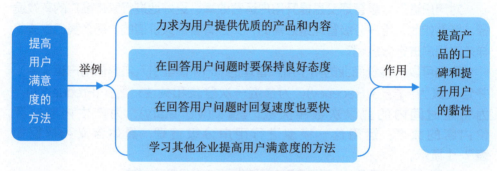

图7-8 提高用户满意度的方法

063 挑选好的"种子"用户，帮助推广

为自媒体平台集聚流量、进行粉丝积累是一个逐渐发展的过程。它是随着平台运营的能力提升和运营者的精心设置、与用户互动而发展起来的。总体来说，粉丝积累包括3个发展阶段，即种子用户期、初始用户期和用户增长期。本节将介绍种子用户期的粉丝积累。

"种子用户"，就是平台上能作为好的"种子"使用，并能凭借其在各方面的影响力，而吸引对平台感兴趣的其他用户关注的用户。

一般来说，种子用户的作用并不在于其关注的时间先后性，而是着重于其在培养企业及其产品、品牌推广氛围的一批用户。当然，种子用户更多的是指第一批用户。种子用户有着它特有的优势，即值得信赖、影响力大和活跃度高。

就以自媒体平台微信公众号为例，其种子用户的最主要的特征是在各类媒体和平台上互动频繁，具体表现如下。

- 主动帮助转发、分享到朋友圈；
- 主动帮助在QQ群推广公众号；
- 主动帮助在微信群推广公众号；
- 对公众号的发展提供有效建议。

那么，这样的种子用户应该怎样寻找和培养呢？关于这一问题，自媒体文案作者可以基于种子用户愿意主动分享、互动活跃的特征来进行种子用户的选择。

而种子用户的选择范围和途径主要包括 3 类，具体内容如图 7-9 所示。

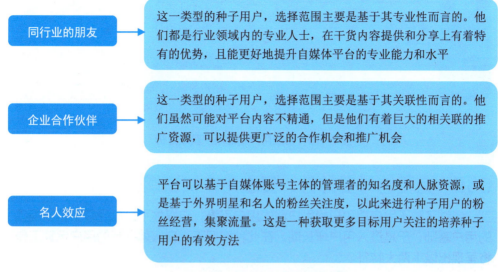

图 7-9　种子用户的选择范围和途径

064　目标量化获取初始用户，用户渐渐增长

在经过精挑细选的种子用户期后，自媒体平台的引流工作就进入了一个获取初始用户的发展阶段。在获取初始用户的粉丝推广阶段，主要是利用一系列途径和方法来进行推广以获取注册用户的阶段。其粉丝获取的特征主要表现在数量多和范围广两个方面。

其实，关于初始用户的获取，并不是可以快速完成并向用户增长期过渡的。它需要自媒体文案作者利用各种方法进行逐步推广，才能渐渐增长。因此，在初始用户的获取过程中，自媒体文案作者可以通过具体的目标量化来完成。

也就是说，自媒体人有必要在初始用户期的开始推广阶段就设定一个关键绩效指标（KPI），对用户增长提出某一时间段内的总体目标，然后进行具体分配，并通过往期经验总结优劣得失。

这样的做法，既能把目标具体化，从而指导用户运营，又能推动企业和运营者为用户的进一步积累而努力。那么，在用户增长目标量化的方法指导下，自媒体文案作者可以通过哪些渠道来实现初始用户的获取呢？关于这一问题的解答，可以从两个方面进行考虑，具体内容如图 7-10 所示。

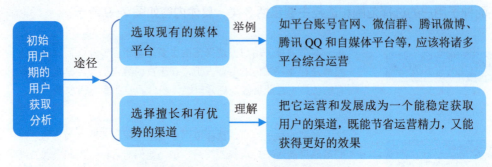

图 7-10 初始用户期的用户获取分析

065 免费与付费并行,促进用户快速增长

经过了种子用户期和初始用户期的用户引流,自媒体平台已经有了相当规模的用户基础,于是进入用户增长期。在此种情况下,自媒体平台的用户运营工作将呈现出以下两大特征。

- 力度更大;
- 见效更快。

呈现出两大显著特征的用户运营工作,其具体策略可从两个方面进行考虑。一是继续利用一些免费的推广方法促进用户发展,二是利用一些能有效吸引用户关注的付费的方式来进行推广,具体内容如图 7-11 所示。

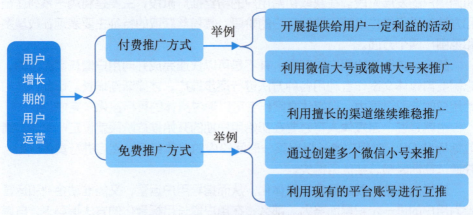

图 7-11 用户增长期的用户运营

066 让排名优化,才能被更多读者看见

自媒体平台搜索的排名优化主要是对文章及自媒体账号的排名做优化,优化

的方法有很多，但是能够带来显著排名变化的优化方法却很少。不过，值得庆幸的是，还是有一些技巧可以让排名明显改观的。

根据笔者经验，在对排名进行优化的时候，图 7-12 所示的 9 种技巧可供自媒体文案作者学习和参考。

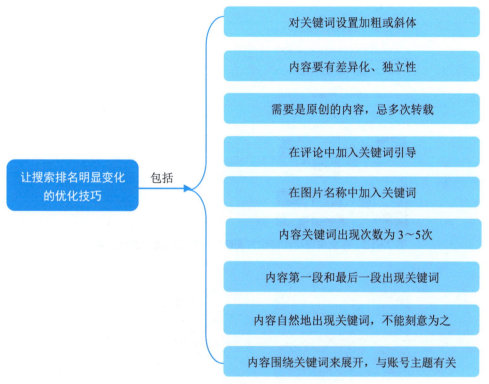

图 7-12　让搜索排名明显变化的优化技巧

以"手机摄影构图大全"微信公众号推送的文章为例，它不仅在内容的末尾添加了关键字"构图"，而且还是与自媒体账号相关的关键词，比如"构图大全""构图技巧"。值得一提的是，文章末尾的链接也对账号本身的内容进行了推广，使得账号的相关内容能够广泛传播。此外，在评论区域，作者还加入了"构图"这一关键词进行引导。图 7-13 所示为"手机摄影构图大全"推送的文案在文末链接和评论方面所做出的优化排名的技巧展示。

这些优化技巧都为提升文章的搜索排名提供了良好的基础，同时也有效促进了文章的传播，为自媒体账号赢得了不少粉丝。

再来看图 7-14 所示的这篇文案内容，"构图"这一关键词出现了不下 5 次（不包括"构图君"），而且正文也都是围绕"构图"展开的，仅在前面几段和最后几段就多次出现了"构图"一词,这些都能有效地提升文案和自媒体账号的搜索排名。

图 7-13　在文末链接和评论方面所做出的优化排名的技巧展示

图 7-14　关键词多次出现的文章展示

由此可见,"手机摄影构图大全"的排名优化确实做得比较到位,这也是它能排名靠前的原因。

专家提醒

如果想要让文案的搜索排名明显改观,就必须认真在文案中嵌入已经确定或者选好的关键词,懂得如何完美结合且不露痕迹。这不仅能够提升排名,而且可以推广文案和自媒体账号,塑造影响力。

总而言之,细心经营,步步为营,才是提升排名和阅读量的重点。因此,不能心急,只能心细。

067 进行巧妙应对,让下降排名迅速回升

在自媒体账号运营过程中,关键词排名下降和上升是很正常的事情,比如,排名下降幅度在个位到十位之间。一般来说,从连续记录的关键词排名数据汇总就可以看出哪些关键词下降了。如果是自媒体账号的大部分关键词排名同时下降,自媒体文案作者应该如何应对呢?

当关键词排名出现了明显的下降时,我们肯定不能坐视不理,而是应该想出相关的对策来解决。

通常,关键词排名的下降分为两种情况,那么,我们应该怎么分别应对这些状况呢?笔者将其技巧进行了总结,如图7-15所示。

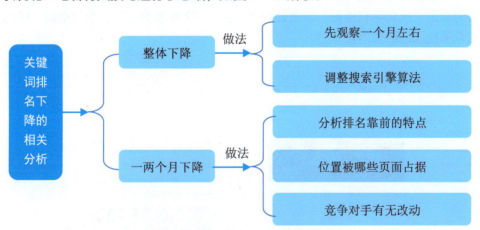

图 7-15 关键词排名下降的相关分析

以"手机摄影构图大全"微信公众号为例,为了应对一段时间内排名下降的问题,对相关的自媒体账号进行了调查研究,得出了排名靠前的摄影类自媒体账号的特征,具体内容如图7-16所示。

自媒体文案写作从入门到精通

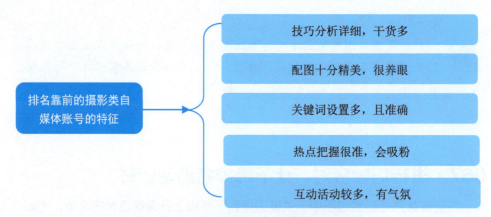

图 7-16　排名靠前的摄影类自媒体账号的特征

专家提醒

得出这些结论后,"手机摄影构图大全"微信公众号没有停止探究,它不仅总结了竞争对手的优点,而且还对自己的不足做出了反思。比如推送内容不够多元化、推送时间没有把握好等。

为了弥补自己的不足,它对各大人气摄影自媒体账号进行了考察,重点的考察对象是"玩转手机摄影"微信公众号。图 7-17 所示为"玩转手机摄影"微信公众号推送的相关内容。

图 7-17　"玩转手机摄影"微信公众号推送的相关内容

从图中不难看出,这个手机摄影的微信公众号是具有自己的特色的,主要体现在如图 7-18 所示的 3 个方面。

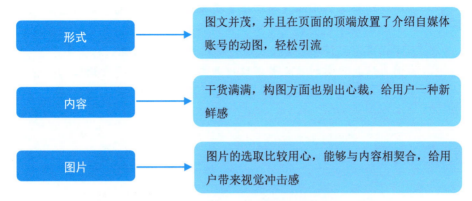

图 7-18 "玩转手机摄影"微信公众号推送内容的特色

在看到竞争对手的特色之后,"手机摄影构图大全"微信公众号找到了自己能够脱颖而出的技巧,即"构图"。从"构图"出发,紧扣热点,采用更加精美的图片作为陪衬,利用"构图技巧""摄影构图"等来充实文章内容。如此一来,就可以有效解决排名下降的问题了。

另外,随着构图领域干货知识的逐渐充实,"手机摄影构图大全"微信公众号又拓展了一个新的领域,那就是介绍手机修图和修大片的相关知识,同样吸睛。

图 7-19 所示为"手机摄影构图大全"微信公众号调整关键词后的搜索页面。不难看出,在微信搜索界面中,它的排名明显上升了。用绿色标示的字眼是关键词,同时也是用户找到自媒体文案的重要依据。

图 7-19 "手机摄影构图大全"微信公众号的关键词搜索结果页面

专家提醒

关键词排名的下降往往意味着文章被用户阅读的可能性大大地降低，转化的概率也会随之下降。在遇到这种情况时，如果置之不理，甚至都没有察觉，那么会失去打造爆款文案、轻松盈利的机会。

因为爆款文案的产生并不仅仅是靠写作，它还要靠细心的经营，唯有写作与经营相辅相成，才能打造出盈利无数的爆款文案。

第 8 章

渠道变现：9 种策略，收割各平台盈利

> **学前提示**
>
> 自媒体撰写文案，在笔者看来，其最终目的还是变现盈利。然而很多自媒体都是专注于某一渠道的，而这样的做法就会使得获利渠道太单一，获利有限。本章就基于这一问题，举例介绍一些常见的获利渠道，希望能帮助自媒体找到更多适合自己的变现途径。

- 社交媒体，轻松赢得广告与内容收益
- 今日头条，可以获得多样化的收益
- 百家号，成功上榜"百+计划"获利
- 一点资讯，"点金计划"助力盈利
- 大鱼号，原创的分成与大鱼奖金
- 企鹅号，开通收益瓜分百亿元资金
- 网易号，提供流量与加成收益
- 搜狐号，可得广告分成与活动奖金
- 小程序，知识付费年赚千万元很简单

068 社交媒体，轻松赢得广告与内容收益

社交媒体一直都是互联网世界中的一大巨头，同时也一直保持着用户活跃度，其吸粉、引流的能力之强大。社交媒体上的内容十分丰富，同时图片、文字、语音、动图、视频等多样的内容形式也为内容增添了几分色彩。

那么，社交媒体上的收益主要来源于哪里呢？社交媒体渠道的收益方式又有什么要求呢？

以新浪微博为例，它是一款为大众提供娱乐服务和展示自我生活的信息交流分享平台。随着功能的升级和版本的更迭，它已经慢慢成为国内影响力最大的社交媒体平台之一。

越来越多的用户愿意使用新浪微博，一边为平台生产内容，一边获取平台的内容，为其发展壮大做出了较大的贡献。同时，由于平台的设计富有人性化，大部分内容的质量也比较高，因此吸引了更多的用户。

据悉，截至 2018 年 12 月，新浪微博的月活跃用户已经达到了 4.46 亿，主要以移动端用户为主。面对如此庞大的用户群体，新浪微博的收益又是从何而来呢？它又是通过哪些方式赚取收益的呢？

目前来看，新浪微博的收益方式主要分为两大类型，即广告收益和内容收益。首先来看广告收益。一般来说，微博自媒体的广告收益需要满足如图 8-1 所示的几个条件才能成功获取。

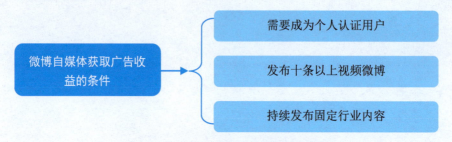

图 8-1 微博自媒体获取广告收益的条件

再来看内容收益。它主要有三种类型，即付费订阅、微博打赏和微博问答，如图 8-2 所示。

| 内容付费 | → | 这是顺应付费的潮流，其中提供的内容质量都是很高的，垂直性也很强，主要是为了获取收益 |

| 微博打赏 | → | 微博打赏功能的开发分为两种情况，一种是已经是微博自媒体用户，小编会私信你进行测试开发；另一种是通过私信的方式自行申请 |

| 微博问答 | → | 实际上微博问答和微博打赏是有联系的。在提出问题后，会有专业的人士回答问题，之后如果别的用户也有相同的问题可以直接打赏围观，金额可以自行设置 |

图 8-2 微博自媒体的内容收益介绍

069 今日头条，可以获得多样化的收益

今日头条是一款基于用户数据行为的推荐引擎产品，同时也是发布内容和变现的良好平台。它可以为用户提供较为精准的信息内容，集结了海量的资讯，主要内容不仅包括狭义的新闻，而且还涵盖了音乐、电影、游戏、购物等，既有图文，也有视频。

作为资深的自媒体渠道，今日头条的收益来源是比较典型的，同时形式也比较多。图 8-3 所示为今日头条的"我的收益"页面。

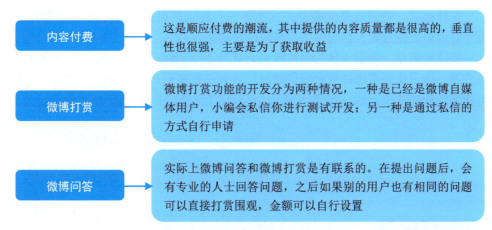

图 8-3 头条号的"我的收益"页面

总体来说，今日头条的收益方式主要有 6 种，其具体内容如图 8-4 所示。运用好这些收益方式，自媒体人完全可以获得高收益。

要注意的是，今日头条的各种收益方式并不是一成不变的，特别是在政策扶持方面，今日头条自媒体平台提供的扶持计划多有变更，可能有些会消失，又有可能增加新的扶持计划。图 8-5 所示为 2018 年推出的"青云计划"介绍。

```
今日头条的主要收益方式
├─ 平台分成：是基本的变现保障，不能过度依赖
├─ 平台广告：属于硬性广告，变现效果比较显著
├─ 用户打赏：表示对内容的赞同，是主动的打赏
├─ 问答奖励：内容价值较高，与知识付费相似
├─ 自营广告：是电商自媒体和电商变现的主媒介
└─ 政策支持："千人万元""百群万元""高佣扶持"
             "国风计划""青云计划"等
```

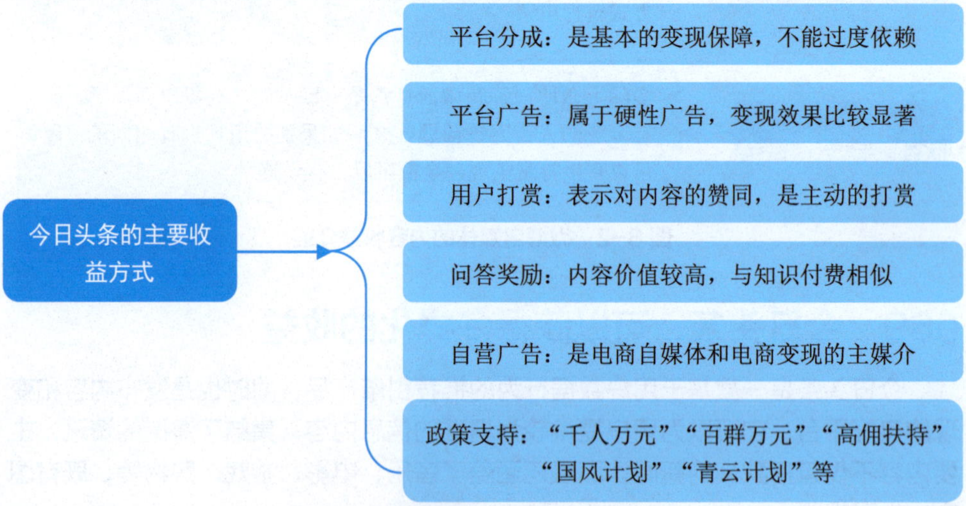

图 8-4　今日头条的主要收益方式

图 8-5　2018 年推出的"青云计划"介绍

070　百家号，成功上榜"百+计划"获利

在百家号平台上，自媒体文案作者可发布内容、进行内容变现、管理粉丝等。从内容方面来说，百家号支持图片、文字、视频等发布形式，同时还将在未来提供更多内容发布形式，比如动图、直播、H5等。

那么，百家号究竟是怎么获取收益的呢？总体来说，该平台的收益主要来自于三大渠道，具体介绍如图8-6所示。

百度广告
【图文、图集、视频】：图文、图集、视频收益来源于内容带来的点击广告分成
【其他收益】：未定位类型的收益
【广告展示量】：广告展示量按照实际的广告露出进行计数，与广告分润直接相关。与阅读量计数规则不同。例：读者如果没有阅读完全文，广告没有露出，则只会计算文章阅读，而不会计算广告展示

补贴
【文章收益保底】：针对文章的保底补贴，例如自荐保底100元
【百+计划】：对百+计划榜单作者的直接性奖励补贴
【百万年薪】：百万年薪扶持作者视频内容奖励补贴
【搜索视频补贴】：通过任务系统参与搜索定向视频生产，定向生产的视频在百度搜索分发所获得的平台补贴

内容电商
【商品展现次数】：对应时间内文章中挂接的商品卡片的展现次数（非点击）
【实际收益】：根据文章中挂接的商品卡片的商业消费带来的相应的实际收益金额

图8-6　百家号的主要收益来源

可见，自媒体文案作者要想获取更多收益，就要打造更为优质的内容——内容为王的道理适用于很多领域，平台变现也少不了对内容的关注。图8-7所示为百家号的"每日收益"页面。

日期	百度广告	补贴	内容电商	其他收益	总收益
2019-05-27	0.01	0	0	0	0.01
2019-05-26	0.02	0	0	0	0.02
2019-05-25	0.01	0	0	0	0.01
2019-05-24	0	0	0	0	0
2019-05-23	0	0	0	0	0
2019-05-22	0.01	0	0	0	0.01
2019-05-21	0	0	0	0	0

图8-7　百家号的"每日收益"页面

与头条号和一点号自媒体一样,百家号同样推出了扶持计划,即图8-6中提及的"百+计划"。作为一项激励自媒体人创作优质内容的方案,成功上榜"百+计划"的自媒体人可以获得多项权益,如图8-8所示。

图8-8 成功上榜"百+计划"可以获得的权益展示

当然,能获得诸多权益的"百+计划",并不是所有自媒体文案作者都能参与的,只有在符合条件的情况下才能报名参加——只要自媒体账号符合图8-9所示的3个条件中的一个即可。

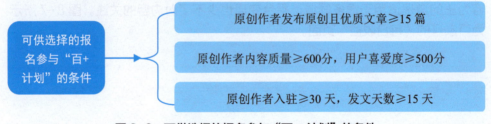

图8-9 可供选择的报名参与"百+计划"的条件

071 一点资讯,"点金计划"助力盈利

一点资讯是一款基于兴趣推荐的平台,主要特色为搜索与兴趣结合、个性化推荐、用户兴趣定位精准等。此平台上的收益方式主要是平台分成,不过平台又推出了主要针对图文自媒体的"点金计划",如图8-10所示。如果自媒体文案作者想要通过此渠道获取收益,是需要向平台方提出申请的,申请通过后才可以开始盈利。

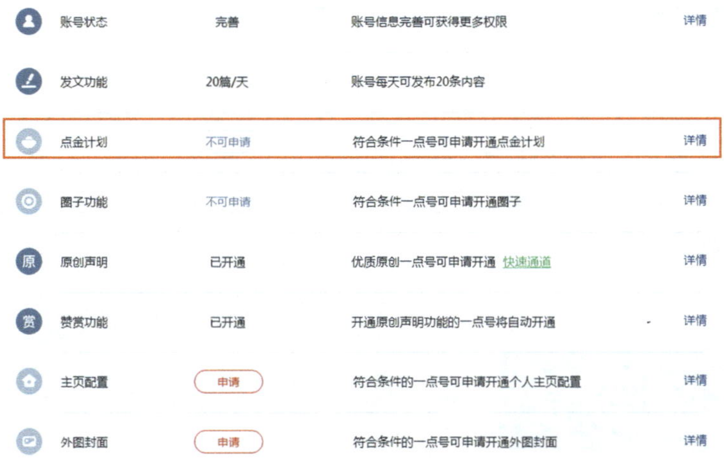

图 8-10　一点资讯的"点金计划"

"点金计划"的申请要求比较严格，审核不是很容易通过。自媒体文案作者可以点击图 8-10 中的"详情"按钮进行查看，如图 8-11 所示。

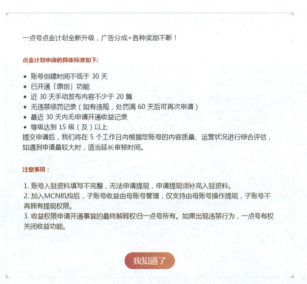

图 8-11　一点资讯的"点金计划"的申请要求

当然，一点资讯自媒体平台的获取收益方式并不止于此，它还有其他的方式可供选择，特别是对自媒体文案作者来说，还可以通过众多自媒体平台都具有的获取收益的方式——赞赏功能来获取。只要开通了原创功能，就可自动开通这一功能。

072 大鱼号,原创的分成与大鱼奖金

作为一个内容创作平台,大鱼号的显著优势是提供多点分发渠道,也就是打通了优酷、土豆以及UC三大平台的后台。在巨大优势下,大鱼号的收益方式主要包括哪几种呢?主要分为三种,一是广告分成,二是流量分成,三是大鱼奖金。

首先来看广告收益。如果用户想要获取广告分成,满足几项条件中的一项即可,具体如图8-12所示。

图8-12 获取广告分成需要满足的条件

其次是流量分成。获取流量分成的要求比较简单,只要大鱼账号达到5星即可。

最后是大鱼奖金。报名争取奖金的门槛不低,而且需要满足的条件较多,具体如图8-13所示。

```
创作者如同时符合以下六项条件,即可自动拥有当月奖金竞逐资格,并收到"成功参与竞逐"的通知。

1、大鱼号入驻类型为"个人"或"机构媒体"或"群媒体"或"企业"
2、大鱼号主体信息已审核通过
3、当前信用分为100分
4、已获得「图文原创声明」或「视频原创声明」权益
5、未参加「大鱼独家年框合作」
6、截至当月月末前一天,有视频发文行为的天数≥4,且原创短视频数≥4(视频时长10秒~15分钟)或 有图文发文行为的天数≥10,且原创图文数≥10
```

图8-13 争取大鱼账号奖金需要满足的条件

大鱼账号奖金由"大鱼UC奖金"和"大鱼优酷奖金"组成。作为自媒体文案作者,可以凭借优质内容去竞逐"大鱼UC奖金"资格。"大鱼UC奖金"并不是单一的,它也是由众多奖项组成的,如图8-14所示。"大鱼UC奖金"

在评选机制与奖项设置方面也比较完善，如图8-15所示。

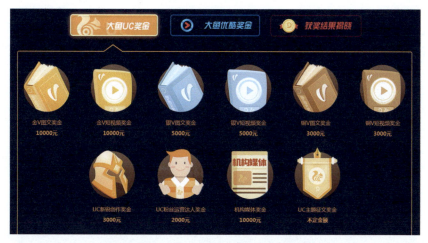

图8-14 “大鱼UC奖金”的十大奖项

奖金项	奖金额	评奖对象	评奖周期	评奖规则	互斥奖金
金V图文奖金	10000元	已获得「图文原创声明」权益的金V大鱼号	自然月	图文创作质量、创作者活跃情况、作品内容质量、作品在UC端受粉丝的喜爱程度领域内TOP	无
金V短视频奖金	10000元	已获得「视频原创声明」权益的金V大鱼号	自然月	短视频创作质量、创作者活跃情况、作品内容质量、作品在UC端受粉丝的喜爱程度领域内TOP	无
银V图文奖金	5000元	已获得「图文原创声明」权益的银V大鱼号	自然月	图文创作质量、创作者活跃情况、作品内容质量、作品在UC端受粉丝的喜爱程度领域内TOP	无
银V短视频奖金	5000元	已获得「视频原创声明」权益的银V大鱼号	自然月	短视频创作质量、创作者活跃情况、作品内容质量、作品在UC端受粉丝的喜爱程度领域内TOP	无
铜V图文奖金	3000元	已获得「图文原创声明」权益的铜V大鱼号	自然月	图文创作质量、创作者活跃情况、作品内容质量、作品在UC端受粉丝的喜爱程度领域内TOP	无
铜V短视频奖金	3000元	已获得「视频原创声明」权益的铜V大鱼号	自然月	短视频创作质量、创作者活跃情况、作品内容质量、作品在UC端受粉丝的喜爱程度领域内TOP	无
UC新锐创作奖金	3000元	入驻时间≤6个月 已获得「图文原创声明」或「视频原创声明」权益	自然月	图文/短视频创作质量、创作者活跃情况、作品内容质量、作品在UC端受粉丝的喜爱程度领域内TOP	无
UC粉丝运营达人奖金	2000元	粉丝数≥1000 已获得「图文原创声明」或「视频原创声明」权益	自然月	原创图文/短视频质量+粉丝运营能力领域内TOP	无
机构媒体奖金	10000元	已获得「图文原创声明」或「视频原创声明」权益的机构媒体大鱼号	自然月	图文/短视频创作能力、创作者活跃情况、作品内容质量、作品在UC端受粉丝的喜爱程度领域内TOP	无
UC主题征文奖金	不定金额	已获得「图文原创声明」或「视频原创声明」权益	征集期	以具体征文活动信息发布为准	无

图8-15 “大鱼UC奖金”的评选机制与奖项设置

073 企鹅号，开通收益瓜分百亿元资金

在腾讯内容开放平台上，所有注册的账号称为企鹅号。该平台提供的功能包括打开全网的流量，提供内容生产和变现平台，打通用户之间的连接。自媒体文案作者在企鹅媒体平台上发布的内容可以通过多种渠道进行推广，如腾讯新闻、

天天快报、腾讯视频、QQ空间、QQ看点、QQ浏览器等。而其主要收益也来源于此。

也就是说，自媒体文案作者在企鹅媒体平台发布内容，并获得腾讯新闻、天天快报等产生的平台有效流量补贴和内容分成。图8-16所示为企鹅号的收益页面。

时间	总收益（元）	平台补贴（元）	内容分成（元）
2019-05-26	0.00	0.00	0.00
2019-05-25	0.00	0.00	0.00
2019-05-24	0.00	0.00	0.00
2019-05-23	0.00	0.00	0.00
2019-05-22	0.00	0.00	0.00
2019-05-21	0.00	0.00	0.00
2019-05-20	0.00	0.00	0.00

图8-16　企鹅号的收益页面

在这两种收益中，平台补贴是平台根据账号发布的每篇内容的流量贡献而提供的额外的现金补贴，其中"流量贡献"是指阅读量和播放量两个数据的流量贡献。

专家提醒

运营时间较长的企鹅号会发现，以前"收益—收益统计—平台补贴"页面会显示阅读量和播放量，后来发现平台后台不再显示，是不是就没有平台补贴收益了呢？其实不然，虽然"收益—收益统计—平台补贴"页面不再显示阅读量和播放量，但不会对收益产生任何影响。

值得很多自媒体人注意的是，企鹅号的平台补贴中的基础补贴，并不是只针对原创内容，非原创内容产生的流量也可以获得补贴收益。这是与其他平台的不同之处。当然，非原创内容与原创内容还是有区别的，非原创内容的流量是以一定比例计入流量贡献的。

企鹅号的内容分成主要包括3个方面的收益，即底页广告收益、赞赏收益、付费收益。

其实，在企鹅号后台，还有一个概念，那就是"收益分成"，这一概念与平台补贴及内容分成中的广告分成收入息息相关。

只要开通了企鹅号,158
是不是就能够获取收益分成呢?实际上,如果想要获得企鹅媒体平台的收益分成,还需要满足一些条件。只要满足了特定条件,无须申请,平台会自动开通收益分成功能。而那些没有自动开通收益分成的企鹅号,可能是基于以下几种情况,如图8-17所示。

平台将自动开通分成。如您的账号未自动开通,请对应以下情况:

1)注册类型为政府,其他组织(非营利性机构);

2)新手期企鹅号;

3)与腾讯签订版权协议的企鹅号;

4)通过腾讯主体注册的所有企鹅号。

图8-17 企鹅号未自动开通收益分成的几种情况

另外,在平台补贴和内容分成收益外,平台还相继推出了"百亿计划"和"TOP计划",只要自媒体人坚持创作优质内容,就有可能得到平台邀请,成为"百亿计划"和"TOP计划"的扶持对象和受益人。图8-18所示为"百亿计划"和"TOP计划"介绍。

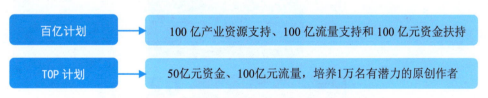

图8-18 "百亿计划"和"TOP计划"介绍

074 网易号,提供流量与加成收益

网易号是由网易订阅演变发展而来的,它是自媒体内容的发布平台,同时也是打造品牌的帮手。它的特色在于高效分发、极力保护原创、现金补贴等,而且它还带头推出了自媒体的直播功能。

网易号的主要收益来自图文收益和视频收益,其中图文收益共包括3项收益,即流量收益、星级加成和原创加成。

不过网易号的分成方法与其他平台有所区别,主要是以星级制度为准。自媒体文案作者想要获得平台分成的话,网易号至少要达到一星级及以上,而且星级的不同还会影响功能的提供，具体如图 8-19 所示。

另外，网易号还在 2019 年 5 月底推出了“特色内容激励计划”，并于 6 月升级上线“特色内容激励计划－优选文章”奖励。该计划会每月提供百万元现金，为每篇特色内容加权兑现。

权益	状态	申请条件
功能实验室	未开通	1. 一星级及以上
现金奖励	申请	1. 一星级及以上
图文原创资质	申请	1. 一星级及以上；2. 图文内容发文篇数 > 10篇；3. 健康度≥60；4. 信用度无扣减记录；
视频原创资质	申请	1. 一星级及以上；2. 视频内容发文篇数 > 10篇；3. 健康度≥60；4. 信用度无扣减记录；
直播	未开通	平台合作授权开通
定向PUSH	申请	1. 五星级；2. 订阅粉丝数≥2万；3. 信用度无扣减记录；
跟贴置顶	未开通	1. 五星级；2. 信用度无扣减记录；
辟谣	未开通	目前为内测邀请，敬请期待

图 8-19 网易号的功能及相应星级

图 8-20 所示为“特色内容激励计划－优选文章”奖励的奖金权益。想要通过网易号获取更高收益的自媒体文案作者可以在特色内容上发力，打造自己的变现网易号。

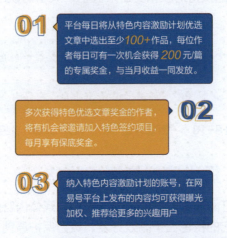

图 8-20 “特色内容激励计划－优选文章”奖励的奖金权益

075 搜狐号，可得广告分成与活动奖金

搜狐号不是搜狐新闻，而是搜狐门户下一个融合搜狐网、手机搜狐、搜狐新闻客户端三大资源于一体的一个新媒体平台。自媒体人同样可以通过在该平台上

创作文案来变现。

在搜狐号上，自媒体人可以获得收益的方式主要有两种，即广告分成和活动奖金。其中广告分成是搜狐号与文案作者共享平台自有广告收益的现金扶持计划。文案作者在文案中植入广告后，即可获得根据文案流量、质量等来计算的广告分成。

当然，自媒体文案作者要想获得广告分成，是需要达到一定申请资格的，具体内容如图 8-21 所示。

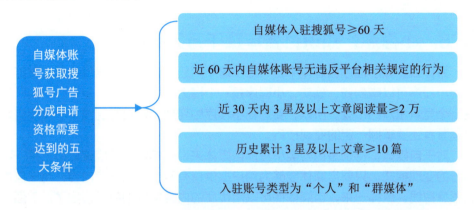

图 8-21　自媒体账号获取搜狐号广告分成申请资格需要达到的五大条件

活动奖金指的是自媒体账号参与"活动中心"的各种活动获取的奖金。自媒体账号可以在"活动中心"页面报名参与正在开展的活动，然后在"获奖记录"页面查看所获奖项。图 8-22 所示为搜狐号的"活动中心"页面部分活动展示。

图 8-22　搜狐号的"活动中心"页面部分活动展示

专家提醒

关于搜狐号的广告分成，自媒体文案作者应该注意，是可以退出这一功能的，但是要慎重，因为一旦退出，平台方就不会接受自媒体账号的再次申请。

另外，除了广告分成和活动奖金外，搜狐号自媒体还可以获得星图传播奖金，这一奖金的来源很广，分享到各站外传播渠道（如QQ、微信、微博、百度等）的有效流量，都是获得高额奖金的依据。

076　小程序，知识付费年赚千万元很简单

为什么要做小程序自媒体平台？对于这个问题，许多人最直接的想法可能就是用小程序可以赚到钱。确实，小程序是一个潜力巨大的市场。但是，它同时也是一个竞争激烈的市场。所以，要想在小程序中变现，轻松赚到钱，小程序自媒体运营者还要掌握一定的变现技巧。

对于自媒体，特别是内容类小程序自媒体来说，知识付费应该算得上是一种可行的变现模式。只要自媒体能够为用户提供具有吸引力的干货内容，用户自然会愿意掏钱。这样一来，自媒体便可以用优质的内容换取相应的报酬了。下面介绍自媒体利用小程序付费年赚千万元的技巧。

1. 会员费积少也能成多

内容付费比较常见的一种形式就是会员付费。所谓会员付费就是指某些内容要开通会员之后才能查看。虽然开通会员需要支付一定的费用，但是，只要自媒体能够提供用户感兴趣的内容，许多用户还是乐意为之的。

而对于自媒体来说，用户只要开通会员，便赚到了会员费，更何况在开通会员之后，用户还可能在小程序中进行其他消费。因此，不少内容类小程序都会采用会员制，为特定对象提供有偿服务。

专家提醒

读者在购买某种内容产品时，无论这种产品是实物还是虚拟的，都会衡量它的价值，是否符合其开价。如果自媒体想要通过会员制实现小程序的变现，就应该为会员多提供一些原创的干货内容。毕竟，只有在对内容感兴趣的情况下，读者才会心甘情愿地为它付费。

2. 开设课程向学员收费

只要是对人有用的知识，那么，它的传授者就能凭借其付出获得应有的报酬。其实，在小程序上，如果自媒体向用户讲授课程，便有获得对应报酬的权利。因

此，通过开课，收取一定的学费，也是小程序，特别是内容类小程序的一种常见的变现模式。

"知识礼物"（即原来的"得到商城"）可以说是通过授课收费模式，进行变现的代表性小程序了。用户进入该小程序之后，就可以看到自媒体提供的一些课程，上面都标注了价格。用户可以选择某一课程点击并查看。一般来说，小程序上的课程不仅可以购买后自己学习，还可以将课程赠送给他人。

自媒体要想通过授课收费的方式进行小程序变现，需要特别把握好两点。一是小程序平台必须是有一定人气的。否则，即使你生产了大量内容，可能也难以获得应有的报酬。

二是课程的价格要尽可能低一点。这主要是因为大多数用户愿意为课程支付的费用都是有限的，如果课程的价格过高，很可能会直接吓跑用户。这样一来，购买课程的人数比较少，能够获得的收益也就比较有限。

3. 用干货打造付费内容

我们经常可以在售卖某些食品的店铺中看到"免费试吃"的宣传语，商家让顾客试吃，如果觉得好吃，就会花钱购买。其实，内容类小程序也可以运用这种变现模式，用干货打造付费内容。

比如，自媒体可以将一小部分干货内容呈现出来，让用户免费查看，先勾起用户的兴趣。当用户正看得津津有味时，顺势推出付费查看全部内容。这样，用户为了看完感兴趣的内容，就只能选择付费了。

付费看完整内容的变现模式常见于一些原创文章中，读者在点击查看某些文案时，可以查看文案开头的一部分内容，如果想继续阅读，就需要付费。图 8-23 所示为"少数派 Pro"小程序某文案的相关界面，很显然其采用的便是这种变现模式。

付费看完整内容的魔力就在于，自媒体通过免费提供的内容激发读者阅读的兴趣。而对于一些无法按捺住自己的用户来说，只要是自己感兴趣的内容，就一定要看完，或者是看到最新的内容。因此，这种变现模式往往能通过前期预热，取得不错的变现效果。

可以说，付费看完整内容变现模式的优势和劣势都是非常明显的。它的优势在于，能够让读者在尝到"味道"之后，对自己喜欢的内容欲罢不能，从而成功地让读者为内容付费。

当然，这种模式也有其劣势，主要表现在，读者可以获得一部分内容，这样一来，整个内容的神秘感会有所下降。如果免费提供的内容不能勾起读者的兴趣，读者必然不会购买。因此，自媒体在运用付费看完整内容的模式变现时，一定要对提供的内容，特别是免费呈现的内容进行细心的选择和编辑，确保它对读者是有吸引力的。

图 8-23 "少数派 Pro"小程序的相关界面

第 9 章

广告变现：7 个秘诀，实现百万级变现

> **学前提示**
>
> 自媒体在清楚并找好变现途径的情况下，接下来就是要了解如何变现的问题。广告作为一种可以获得高额收益的变现方式，一直受到众多平台与流量主的喜爱。本章就围绕广告，介绍七大变现秘诀，帮助自媒体实现百万级变现。

- 流量主广告，多点击多获利
- 品牌广告，广告方获名你获利
- 软文广告，于无声无息中变现
- 广告联盟，三足鼎立拓宽获利渠道
- 社群收费广告，精准推广变现
- 这些广告一定要拒绝，否则得不偿失
- 广告发布要结合场景，才能更高效

077　流量主广告，多点击多获利

流量主功能是腾讯为微信公众号量身定做的一个展示推广服务。利用该功能，自媒体可以将平台中的指定位置拿出来给广告主打广告，以收取一定费用来获得收益。符合一定条件的自媒体可申请成为流量主，然后即可开通多种广告位获得广告收入，具体介绍如下。

1. 底部广告

底部广告是出现在图文信息的内容底部的广告，它是流量主一出现就提供的广告展示功能。图9-1所示为"手机摄影构图大全"微信公众号推送的文案的流量主底部广告案例。

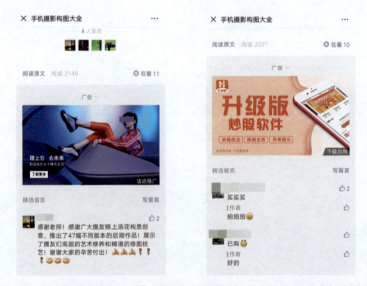

图9-1　"手机摄影构图大全"微信公众号推送的文案的流量主底部广告案例

底部广告虽然是流量主广告，但是具体的广告内容并不是流量主自主选择的，而是由系统决定的。那么，系统是如何为流量主选择底部广告的呢？其实，系统是根据采用双向匹配的原则——广告素材的定向和流量主文案的用户画像与兴趣来选择的。这样就可以把当前状态下最适合的广告展示给读者。

2. 文中广告

文中广告是指出现在文案中的有广告标识的一种广告。与底部广告一样，其广告内容都是由系统根据双向匹配原则进行选择。不同的是，文中广告出现在哪一个位置，是流量主在后台对文案进行排版时选择的，而底部广告是固定在文案内容页面的底部。图9-2所示为"北壹辰"微信公众号推送的文案中的文中广告案例。

图9-2 "北壹辰"微信公众号推送的文案中的文中广告案例

> **专家提醒**
>
> 其实，文中广告的位置除了可以由流量主手动选择外，还可以由系统智能推荐广告在文章中的位置，也就是"智能插入"，如图9-3所示。
>
>
>
> 图9-3 流量主文中广告的"智能插入"设置
>
> 由图可知，关于文中广告，自媒体人不仅可以设置插入位置，还可以选择插入商品的类目，这样更利于自媒体人选择与自身账号相符合的商品或服务。

除了上述两种广告外，流量主功能还提供了两种广告，即返佣商品 CPS 广告和互选广告。其中，前者就是在文案中插入商品的购买链接及相关商品，这一类型的广告与其他平台类似，将在第 11 章中进行详细介绍，在此不再赘述。

互选广告，顾名思义，就是两个自媒体通过微信广告平台双向互选而达成合作的广告模式。其与文中广告一样，都是出现在文案中部，然而也存在极大的不同，那就是互选广告并不是由系统匹配的，而是在广告主发起合作需求后，流量主根据自身意愿达成合作后而进行投放的。在这一合作过程中，广告定价由流量主自主定价。

专家提醒

自媒体要注意的是，并不是所有微信公众号都能获得互选广告的投放资格，只有那些受邀公众号才有。

078 品牌广告，广告方获名你获利

品牌广告的意思就是以品牌为中心，为品牌和企业量身定做的专属广告。这种广告形式从品牌自身出发，完全是为了表达企业的品牌文化、理念而服务的，致力于打造更为自然、生动的广告内容。这样的广告变现更为高效，因此其制作费用相对而言也比较昂贵。

对自媒体来说，既可以在文案中通过多种方式插入品牌广告，也可以安排专门的文章来推送品牌广告。图 9-4 所示为关于西贝餐饮品牌的广告。

图 9-4 关于西贝餐饮品牌的广告

由图 9-4 可知，这篇文案是关于西贝这一知名餐饮品牌的子品牌——酸奶屋的一个品牌广告。文案从多方面对这一创新品牌进行了介绍，能让读者全方面地来了解这一品牌，能有力地提升品牌的知名度。当然，在知名度提高的情况下，品牌想要变现就会变得更容易，而自媒体人也可以通过品牌广告获得其广告收益。

079　软文广告，于无声无息中变现

软文广告是指在文案中以软性植入广告的形式推送文章的广告模式。在文案中软性植入广告，一般在文案里不会介绍产品，也不会直白地夸赞产品有多么好的使用效果，而是选择将产品渗入文案的情节中，达到在无声无息中将产品的信息传递给读者，从而使读者能够更容易接受该产品的目的。

软文广告形式是广大自媒体使用得比较多的盈利方式，同时其获得的效果也是非常可观的。图 9-5 所示是"日食记"微信公众号推送的一篇介绍制作美食的软文，该篇文章以介绍美食及其制作步骤为主，并在文中适时插入产品广告。

图 9-5　"日食记"微信公众号推送的软文广告

080　广告联盟，三足鼎立拓宽获利渠道

广告联盟，其实就是引导流量主加盟，从而为广告主提供推广渠道的广告产品。自媒体文案作者可以通过优质文案积累粉丝，打造流量大 V，为加入广告联盟和获取更多广告收益奠定基础。

随着移动互联网的发展，在移动终端，不管是流量主还是广告主都大大增加。

广告联盟平台也在增加,其中比较重要的有百度联盟、腾讯广告联盟和今日头条的穿山甲联盟——它们共同形成了我国广告联盟玩家的三足鼎立局面,为广告主和流量主提供了更多的出路。

1. 百度联盟广告

百度联盟具有巨大的优势,能为用户提供广泛的合作方式,常见的合作方式如图9-6所示。

图9-6 百度联盟广告提供的合作方式

在图9-6所示的合作方式中,自媒体文案作者可以通过网盟推广合作来赚取广告收益——通过创作具有竞争力的内容,并将这些内容投放到广告主页面,吸引读者阅读,从而实现自媒体盈利。

2. 腾讯广告联盟

在腾讯广告联盟平台上,想成为广告收益的流量主,自媒体可以通过加盟腾讯广告,成为流量主。这样平台会为流量主提供优质的商业化解决方案。对自媒体来说,加盟腾讯广告联盟成为流量主,是能获得高额收益的重要途径,具体原因如图9-7所示。

其实,腾讯广告联盟除了能让流量主获得高额收益外,还有一些其他的优势,其实这些优势也是为获得高额收益服务的,具体内容如下。

- 广告形式多样:能凭借信息流广告、独创原生广告和其他广告形式,为自媒体带来丰厚收益。
- 广告主资源丰富:涵盖了游戏、电商等各类广告主数十万家以上,能有效地确保广告的点击率。
- 提供贴心服务：高效的审核与结算效率、便捷的数据查看渠道和一对一的客服服务，让流量主更易解决问题。

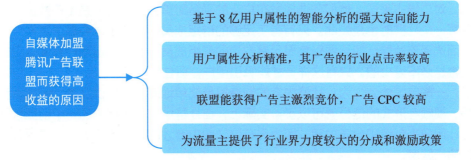

图 9-7 自媒体加盟腾讯广告联盟而获得高收益的原因

3. 穿山甲联盟

穿山甲联盟是今日头条于 2018 年推出的广告联盟产品。作为头条流量主，头条是寄希望于穿山甲联盟，期待成为"流量枢纽"，以满足不同广告主的不同需求。在这样的情况下，自媒体这一流量主获取更多广告收益的机会来了。

在穿山甲联盟的连接和作用下，流量主与广告主之间的沟通更加顺畅，匹配也更加无障碍，路径对接上更加高效。基于此，主要聚焦于移动端的头条号自媒体，将会凭借穿山甲联盟获得更多广告分成。

 专家提醒

穿山甲联盟的优势，其实还是基于今日头条平台的 AI——它可能比自媒体本身更了解自己的产品。特别是在"三维"定位方面，即用户内容兴趣、商业兴趣、地理位置标签，这是很多平台都无法做到的。

081 社群收费广告，精准推广变现

对自媒体而言，想要获取高额广告费，除了上面几种途径外，还有一个非常重要的途径可以利用，即社群广告。一般来说，人们总是基于某一方面的需求或共同的兴趣爱好而加入一个或多个社群。

纵观各种社群，可以发现，很多自媒体大咖都是成员众多的社群的创建者和主导者。可见，自媒体完全可以创建自己的社群，在形成巨大影响力的情况下，通过群组成员发布的广告来获利。如果某一社群已经有了巨大的流量和影响力，那么群组成员是非常乐意通过它来宣传品牌和推广产品或服务的。

自媒体应该如何打造能推广收费广告的社群呢？在笔者看来，需要在内容、粉丝黏性、口碑、营销和群公告方面努力，具体分析如下。

1. 制造用户喜欢的内容，留住用户

对广告主来说，他们在选择发布广告的平台时首先考虑的就是用户数量，选择哪一个社群时也是如此。只有有了足够的群组成员，广告主才会基于其推广前景而选择该社群。如果要想集聚足够数量的群组成员，那么制造用户喜闻乐见的内容是必不可少的。只有这样，才能吸引用户，留住用户。

一些自媒体会认为，社群内容的制造只是简单地向用户提供文本、图文、音频、视频等形式的信息就可以了。实际上，在社群中，集聚用户的一个前提条件是让用户来创造和分享内容。因为只有这样的内容才能满足用户需求，并提升用户的活跃度。

对于自媒体而言，不同类型的内容价值也不同。例如，用户提供了评论产品的内容，自媒体就可以从中吸取精华，用在产品改善上；用户提供娱乐类的内容，自媒体就可以记住内容中的特点，查找相关内容，并推送到社群中去，引起社群用户的注意，进而让用户留下来。

自媒体在社群中发布内容时一般需要从 3 个方面考虑，具体如图 9-8 所示。

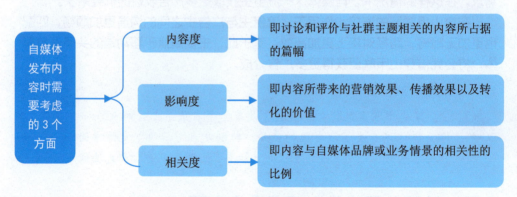

图 9-8　自媒体发布内容时需要考虑的 3 个方面

2. 提升粉丝体验，培养铁杆粉丝

群组成员的黏性是衡量群组影响力的重要因素，只有高黏性的粉丝，才能打造出能推广收费广告的社群。而铁杆粉丝的多少和占比是衡量群组成员整体黏性的关键因素。自媒体可以通过制订详细的粉丝计划来大力培养自己的铁杆粉丝，树立相同的观念，最终打造成拥有铁杆粉丝的社群。

自媒体在"培养铁杆粉丝"的过程中，可以从以下 3 个方面出发，一步一步地实施铁杆粉丝的培养计划。

(1) 聆听用户的心声、与用户互动、耐心与用户对话。只有这样，粉丝才能有被尊重的感觉，提升用户体验，例如，荷兰航空公司跟踪在机场签到的粉丝乘客，在登机的时候为顾客送上一份个性化的礼物，从而彰显出荷兰航空公司是一直关心乘客的，让乘客有好的体验。

(2) 从粉丝需求出发，通过奖励来提升粉丝的活跃度。分析粉丝的需求、制订好奖励计划，送上他们需求的礼品，这样能大大地增加粉丝的体验，进一步巩固粉丝的留存率。

(3) 与粉丝进行线下活动。企业可以在社群运营过程中发布一些活动，为粉丝提供参与的机会、有趣好玩的经历以及优质的用户体验，使其获得更强烈的粉丝认同，从而与粉丝维持亲密关系。

3. 形成口碑，让用户乐于分享

社群想要顺利实现粉丝集聚，就需要使用一些小窍门，比如赠送优惠的礼品，用户之间的口碑推荐等提升群组影响力，树立自媒体的良好形象。

社群口碑的打造是需要粉丝努力的，主要是在粉丝认可产品、品牌的基础上，心甘情愿地推荐给自己身边的人，从而形成口碑。一般来说，形成口碑的途径主要如图 9-9 所示。

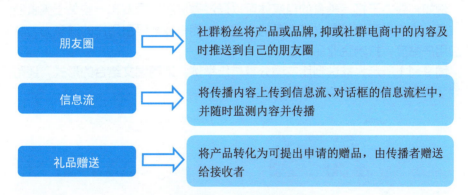

图 9-9 形成口碑的途径

粉丝口碑推荐则主要分为两个部分，即口碑推荐的出口部分和口碑推荐的入口部分，具体内容如图 9-10 所示。

4. 5 个方面，实现社群高效营销

自媒体在进行产品推广时，需要注意 5 个方面的问题：一是有自己的独特观点，二是把产品信息介绍详尽，三是要学会互动，四是要学会分享干货，五是要传递正能量，树立好口碑。这样也能为后续的群组成员推广商品或服务广告奠定基础。

口碑推荐的出口部分 → 把粉丝当成传播者，分享产品的具体使用体验，点评产品或相关服务，向自媒体提供产品体验建议。

为了打造口碑，可以积极开展赠送礼品、促销等活动，以吸引周边人群的兴趣。

同时自媒体可以围绕产品和品牌提供高质量的内容，对产品进行更新换代，赢得粉丝的喜爱，以便最终形成闭环

口碑推荐的入口部分 → 用户通过被动或主动的形式获取口碑，在口碑背后的产品、内容产生兴趣后进行搜索，从而终止口碑的入口动作。一般来说，用户会通过3个角度搜索口碑下的内容。
(1) 直接对传播给自己的口碑源头进行咨询和查找。
(2) 通过搜索引擎查找，例如百度、搜搜、谷歌等。
(3) 查找网络上的推荐和评论，并在购买或体验后推荐和评论自己的体验和购买

图 9-10　粉丝口碑推荐分为两个部分

例如，致力于打造美食的自媒体可以通过微信朋友圈发布一些关于美食制作的技巧，或者是配上带有文艺气息的文案，就能有效地吸引用户的注意力，从而增加用户黏度，打响企业品牌。

图 9-11 所示为推送到朋友圈分享广告举例，采用图文结合的形式，还附带有"了解更多""了解公众号"的链接。

图 9-11　朋友圈分享的广告案例

5. 设置群公告，用好这一推广位置

在微信群组聊天中，商家可能会有重大的消息宣布，然而有时却可能被其他客户的聊天记录湮没。为了避免这种尴尬的场面，他们则需要另辟蹊径，在群组中找一个很好的位置来放置重要的内容。在这个时候，"群公告"就起到了重要的作用。

当自媒体在设置"群公告"时，系统会自动将此条信息 @ 所有用户发送至群内，并且保留在"群公告"中。当群友查看群里的信息或是有新客户申请加入群中时，就会看见群公告。群公告的内容一般是什么呢？如图 9-12 所示。

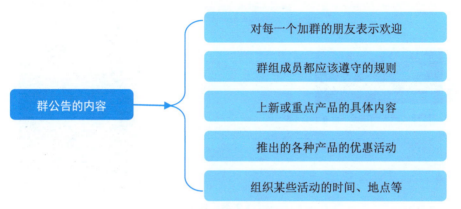

图 9-12　群公告的内容

082　这些广告一定要拒绝，否则得不偿失

可能有些人会认为，广告发布得越多，获得的收益越多。真的是这样吗？其实，在自媒体平台上，影响广告收益的因素除了广告数量外，还有流量（曝光量、点击量等）。如果自媒体平台只专注广告的数量，而忽略了广告的质量，那么必定会影响自媒体及其内容的流量，最终将对收益产生长期影响。因此，自媒体在选择和投放广告时应该慎重。

自媒体应该怎么选择和投放广告呢？自媒体可以选择的广告很多，因此，在此就从自媒体绝对不能选择的广告入手进行介绍，具体内容如下。

1. 与自身定位不相符的广告

自媒体在选择广告时，如果插入的广告与自身定位不相符，就会显得很突兀，也就影响读者的阅读体验。

更重要的是，一个自媒体账号的定位的背后有一个大的目标读者群体，他们之所以关注自媒体账号，是因为他们对其推送的内容感兴趣或有需求。如果广告

自媒体文案写作从入门到精通

类型和内容与自身定位不相符，那么这样的广告必然也是不能让读者有兴趣点击的。例如，一个专注于推广美妆内容的自媒体，其目标读者是爱美的女性，然而它却选择推广汽车行业的广告，那么其广告效果和收益就会受到影响。

因此，自媒体在投放广告时，应该记住一点，选择与自身定位相符的广告。图 9-13 所示为"餐饮老板内参"微信公众号上的广告案例。

(1) 文案广告

(2) 菜单广告

图 9-13　"餐饮老板内参"微信公众号上的广告案例

由图 9-13 可知，在"餐饮老板内参"微信公众号上，无论是文案广告还是菜单广告，都是符合其账号定位的，与账号所属领域"餐饮"紧密相关。像这样的广告，自然能获得自媒体用户的青睐，从而获得高额收益。

2. 植入太生硬的广告

在自媒体时代，相较于硬广，人们更愿意接收软文中自然植入的广告信息，而一些企业和商家也偏向于选择软文来投放广告，这样转化率和成交率会更高。在这样的情形下，自媒体获得更多广告费的机会就来了。

然而，有些自媒体在利用软文推广产品广告信息时，植入特别生硬，让读者非常反感，这恰好违背了软文的初衷。当然，出现这样的结果，可能有自媒体本身的原因，然而更多的是企业和商家不顾及软文要求而造成的。

对企业和商家来说，自然会倾向于选择自身的产品和服务得到更多的宣传机会和展示位置。因此，盲目地要求自媒体在文案中尽可能地多安排一些产品和服务介绍，希望能按照企业和商家自己的意愿来撰写软文。

然而这样的做法却使得"软文"变"硬广"，让读者难以接受，最终不仅不能实现帮助企业推广产品和服务信息，还会让自媒体读者的阅读体验变差，从而掉粉。因此，面对这样的企业和商家广告，自媒体应该拒绝。

3. 内容没有卖点的广告

在笔者看来，除了内容真实外，广告内容的另一个关键要求是具有可读性。人们阅读广告一般会匆匆而过，时间很短，因此，应该撰写能让读者在一瞬间就能接受到产品信息的内容。

内容的可读性应该从两个方面考虑，一是表意清楚，直接介绍产品或服务的特点。二是在前者的基础上，打造产品或服务的卖点。要撰写有可读性的内容，还需要企业和商家的配合。如果企业和商家要求的广告内容不具备可读性，那么这样的广告也应该绝之门外。

083 广告发布要结合场景，才能更高效

在大数据时代，移动互联网科技不断发展，迎来了一个全新的场景时代。场景引领了新一轮的互联网商业革命，成为未来的核心竞争力。如今，每个产业都将受到场景时代的深入影响，场景为人们带来了商业新常态和财富新思维。

在这样的时代环境下，自媒体在推送广告时也要结合场景，这样才能让更多的读者点击阅读广告，才能促进广告信息更广泛的传播，才能获得高额广告费。自媒体内容中所推送的产品或服务，必然与读者的消费场景有关。如果自媒体没有结合读者的生活场景发布广告，那么必然无法挖掘出产品或服务广告的特点，

也就无法让读者点击阅读，更不要说心动并成交了。

自媒体应该如何在发布广告时结合场景呢？下面将从多个方面进行介绍。

1. 场景方向：基于数据的需求精准匹配

对于做自媒体的人来说，读者资源，即数据是不可缺少的，结合场景来发布广告的方向来自数据。利用采集的数据对用户需求进行精准的匹配，如媒介、资源、创意、时间以及地点等，根据读者的喜好发布产品或服务广告。具体来说，关于数据与场景方向，主要表现在以下两个方面。

首先，数据可以帮助我们找到精准的读者群体——他们的喜好以及场景要通过什么样的内容来影响他们的行动。数据可以用来连接用户生活场景中所有的碎片触点，并在其中找到新的触点，如用户的态度、需求和喜好的变化。

在这一过程中，我们要考虑如何让人更好地接受广告。在不同的载体上面，人的阅读能力和倾向是不太一样的，所以需要借助很多数据分析手段，让广告内容更有效地与用户产生交流，使广告内容的传播更有效。

这就需要在数据分析的基础上进行精准推广，也就是通过数据的精准匹配和场景内容的精心设计，让产品或服务信息通过精准的载体渠道去触达核心用户。这也是接下来要介绍的关于数据与场景方向的另一个方面。

关于精准推广，简单来说，就是通过大数据计算来准确推测读者的真实需求，将场景的 6 个要素变成 6 个合适，即在合适的时间、合适的地点将合适的产品信息以合适的方式提供给合适的人，并让他们产生合适的行动。

在数据化场景下，自媒体可以根据用户所在的地点、时间和意图向他们传达合适的信息，而且更注重推广的主动性。也就是说，读者能够控制"谁可以给他们发信息"，将那些不需要的信息自动过滤掉。例如，进入夏天，当读者想购买夏装时，自媒体就会发布相关的广告信息给读者，就可能让读者立刻成交。

在场景推广的方向选择上，"微信指数"小程序能为运营者提供莫大助力。"微信指数"是一个基于微信的大数据分析的移动端指数，可进入小程序直接搜索"微信指数"，让数据分析更加简单轻便。

在"微信指数"小程序上，可以查看"关键词"在某一段时间内的热度曲线变化情况，如 24 小时、7 日、30 日以及 90 日等，如图 9-14 所示。了解这些"关键字"的动态趋势，从而精准地把握读者在这段时间内的偏好。

另外，除了可以查看单一关键词的搜索情况外，"微信指数"小程序还可以同时添加多个对比词（最多 4 个），对比横向指数的情况，如图 9-15 所示。

我们可以利用"微信指数"的关键词分析来优化搜索引擎，提取更多优质的关键词，自媒体可以根据这些关键词来发布广告，这样可以让读者更快地看到他们需要的东西，也让他们喜欢的品牌或产品更多地出现在眼前。

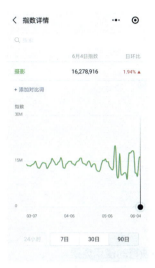

图 9-14　单一关键词搜索
"指数详情"页面

图 9-15　添加对比词的关键词搜索
"指数详情"页面

2. 确定广告中产品的使用场景

在利用数据进行需求的精准匹配后，接下来自媒体要做的是确定广告中产品的使用场景。也就是说，自媒体需要明白读者会在什么情况下使用这些产品，然后需要把产品放入特定的场景中，并从中找出与之相应的突出的产品特点和功能。只有这样，才能让读者更快地代入其中，为促进读者成交打下基础。

3. 找出最适合的产品场景

当然，产品的使用场景可能是多样化的，因此，自媒体一方面需要找出各种场景及功能和特点，另一方面需要从众多场景中找出最适合自己发布的广告中的产品的场景。就后者而言，它是一个广告产品打造核心卖点的关键要素之一。

例如，洗发水有多种使用场景，如去屑的、修复的、柔顺的、滋润的等，一种洗发水的使用场景可能是一种，也可能是多种，而自媒体就要根据自身产品功能和特点，找出最适合的产品使用场景。

欧莱雅的一款洗发水，在选择使用场景时就很独特。一般来说，人们的头发不是油性的就是干性的，然而欧莱雅的这一款洗发水却独辟蹊径，针对油性发根、干性发丝，提供了控油去油、补水修复的使用场景，如图 9-16 所示。

4. 场景认可：卓越的用户体验提升好评率

找出了最适合的产品场景后，接下来自媒体要做的是如何让读者认可这一使用场景。在笔者看来，打造卓越的用户体验，进而提升好评率就是一种非常有效的方法。

图 9-16 欧莱雅的一款洗发水的独特的使用场景

用户体验就是用户在体验的过程中逐步建立起来的一种感受。若阅读体验是良性的，就会促进读者对该场景的认可，良好的阅读体验可以提高好评率和促进广告的传播；若阅读体验是恶性的，也就意味着广告传播的场景是不能得到认可的，就会导致读者取消关注自媒体及其推广的广告。具体来说，为促进读者认可广告中的场景，自媒体可从 3 个方面着手，如图 9-17 所示。

打造痛点、痒点和尖叫点	在场景推广中，好的体验可以让读者产生消费动机，更愿意在你发布的广告内容所包含的场景中买单，从而提升转化率。因此，自媒体需要为读者提供最优质的场景，给他们舒适和贴心的体验，在解决其痛点的基础上，带来更多的痒点和尖叫点，提升场景的核心竞争力，引爆产品和服务
从广度场景向密度场景过渡	真正的场景解决方案就是从广度场景向密度场景过渡，为读者创造新的价值，以及提升附加值，带来优越的体验。其中，密度场景是指那些重复消费频次非常高的场景——它们都已经完成了从广度场景到密度场景的过渡，与读者之间形成了极强的连接和互动能力
构建新体系以适应时代趋势的发展	在场景时代，自媒体发布的广告内容中必须有适应并追赶时代势的发展的趋场景新体系。其中，读者体验是构建场景体系的核心，自媒体最大的挑战在于培养读者习惯，我们可以从个性化体的验和内容驱动性两方面来入手

图 9-17 促进读者认可场景的 3 个方面介绍

5. 促进场景传播

在让读者认同广告产品的使用场景的背景下，自媒体还应该让这种认同扩大化，实现更广泛的传播。在笔者看来，在各大自媒体平台上，利用话题来设计并传播使用场景就是一种好方法。这样能引导读者积极参与。当然，在促进场景传播时，自媒体首先应该设计一个场景化的话题，如抖音上的话题＃配了胡子才是型男＃就是一个场景化的话题。

第10章

内容变现：7个方法，好内容创造好收益

> **学前提示**
>
> 除了广告外，自媒体还可以凭借优质内容变现。其实，从某一方面来说，好内容同样是获得高额广告收益的基础。
>
> 那么，在有能力创作优质内容的情况下，自媒体应该如何快速变现呢？本章将介绍7个值得自媒体拥有的方法，让好内容创造好收益。

- 平台订阅，好内容能长久获利
- 在线教学，通过录制课程吸金
- 点赞打赏，可轻松年入百万元
- 内容稿费，投稿与出版加权变现
- 专业咨询，一问一答间获得收益
- 第三方支持，提供便捷内容获利
- 平台补贴，跟上脚步快速盈利

084　平台订阅，好内容能长久获利

平台订阅是自媒体用来盈利的一种方式。它是指在平台上推送一篇文案，订阅者需要支付一定的费用才能够阅读该文案。

平台订阅与将在本书第 12 章介绍的会员模式（包括付费会员、付费群组）有一个共同之处，就是能够找出自媒体平台的忠实粉丝。但是，自媒体要实施付费阅读的话，就必须确保推送的文案有价值，不然就会失去粉丝的信任。

平台订阅一般包括两种形式，一种是展示部分内容，在读者阅读完这部分内容后，如果还想接下来阅读剩余的内容，就需要支付一定的订阅栏目的费用。前面第 8 章中介绍的小程序"少数派 Pro"上的内容就属于这一类。

如图 10-1 所示，该小程序上的内容在设置付费订阅时，整体内容的每一节都会展示一部分，而不是针对整体而言展示前面的部分章节。这样的付费订阅规则，可以让读者通过每一节的部分内容，对全部内容有一个更清晰的了解，从而引导读者订阅内容。

图 10-1　"少数派 Pro"小程序上的付费订阅产品案例

另外，自媒体还可以设置限时免费，当读者阅读了一节或多节完整内容后，再要求读者付费订阅内容，也就是大家常见的"免费试读"。这样同样可以引导读者开启阅读模式，为后续付费奠定基础。

"少数派 Pro" 小程序上的内容就安排了这样的设置，如图 10-2 所示。从图中可以看出，它的第一期内容是免费的，虽然有支付环节，但需要支付的金额为 0。

第 10 章 内容变现：7 个方法，好内容创造好收益

图 10-2　"少数派 Pro"小程序上的限时免费内容

除了先展示部分内容然后付费外，还有一种形式，那就是只有付费购买后才能阅读或学习的。图 10-3 所示为笔者在"胡华成"头条号上推出的付费专栏订阅产品。

图 10-3　"胡华成"头条号推出的付费订阅产品

随着自媒体平台的发展和完善，越来越多的平台推出了内容付费模式。如今日头条平台就推出了"付费专栏"功能——只要是开通了图文/视频原创且没有违规记录的头条号，都可以申请开通"付费专栏"。图10-4所示为今日头条平台上的内容付费案例。

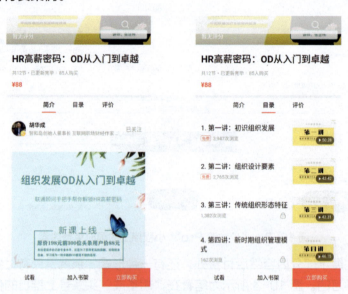

图10-4　今日头条平台上的内容付费案例

085　在线教学，通过录制课程吸金

在线教学是一种非常有特色的、自媒体可以用来盈利的方式，也是一种效果比较好的吸金方式。自媒体要开展在线教学的话，首先要求自媒体在某一领域比较有实力和影响力，这样才能确保教给付费者的东西是有价值的。

采用在线教学这种盈利方式的自媒体账号中，做得不错的有微信公众号"四六级考虫"。"四六级考虫"是一个为广大大学生及想学习英语的群体提供教育培训的公众号，它有自己的官方网站和手机App。"四六级考虫"微信公众号上的课程分为收费和免费两种，不同的课程，其价格也不一样。图10-5所示为"四六级考虫"微信公众平台上的相关内容。

> **专家提醒**
>
> 大家熟知的"罗辑思维"微信公众号和今日头条上自媒体的付费内容，与"四六级考虫"微信公众平台上的课程一样，也是一种线上课程，都是提前录制的授课音频和其他内容。

对自媒体平台来说，除了可以打造提前录制的音频课程外，还可以打造直播类的在线课程——它们既可实时观看，也可直播后回放。图10-6所示为"千聊"平台上的自媒体语音直播课程。

图10-5 "四六级考虫"微信公众号发布的线上教学信息

图10-6 "千聊"平台上的自媒体语音直播课程

在微信上,千聊是一个集聚了众多优质课程的语音直播平台,它为很多领域的自媒体人进行在线教学提供了很好的展示平台,如职场、外语、少儿、理财、情感、生活等。该平台上的在线教学课程,一般是为读者提供了优惠福利的,如试听、今日特价、天天免费等。在笔者看来,那些能创作优质文案的自媒体,完全可以把图文内容打造成语音直播课程,实现在线教学变现。

086 点赞打赏,可轻松年入百万元

为了鼓励优质的自媒体内容的出现,很多平台推出了"赞赏"功能。比如,大家熟悉的微信公众号就有这一功能。而开通"赞赏"功能的微信公众号必须满足如图10-7所示的条件。

微信公众号开通"赞赏"功能的条件
- 必须开通原创声明功能,这是极为重要的一个条件
- 除个人类型的微信公众号外,其他的必须开通微信认证
- 除个人类型的微信公众号外,其他的必须开通微信支付

图10-7 微信公众号开通"赞赏"功能的条件

自媒体想要让自己的微信公众号开通这一功能,就需要经历两个阶段,如图10-8所示。

微信公众号开通赞赏功能需经历的两个阶段
- 第一个阶段是坚持一段时间的原创后,待微信公众平台发出原创声明功能的邀请,企业就可以在后台申请开通原创声明功能了
- 第二个阶段是企业在开通原创声明功能后,继续坚持一段时间的原创,待微信后台发布赞赏功能的邀请,企业就可以申请开通赞赏功能了

图10-8 微信公众号开通赞赏功能需经历的两个阶段介绍

前文在介绍如何让读者打赏时,多次提及了"连岳"微信公众号可观的赞赏收入。其实,除了微信公众平台外,其他平台也为优质的原创作者提供了让读者打赏的途径。图10-9所示为今日头条平台的"赞赏"相关页面。在该页面上,读者可以对欣赏的作者和喜欢的内容进行赞赏。

图10-9 今日头条平台的"赞赏"相关页面

专家提醒

相较于直播平台而言,图文内容的赞赏方式是存在极大不同的。一般而言,直播平台的赞赏方式一般是采用赠送礼物或虚拟币的方式实现的,而以创作图文内容为主的平台的赞赏方式就是人民币直接赞赏,无须读者用人民币去兑换成礼物或虚拟币。

087 内容稿费,投稿与出版加权变现

内容稿费,指的是通过优质内容获得的收益。对自媒体来说,内容稿费主要包括两种,一是向各大平台投稿获得收入,二是出版图书获得稿费。在此笔者将对这两种方式进行介绍,具体内容如下。

1. 向平台投稿获得收入

对自媒体文案作者来说,写作已是家常便饭,且一般具有不俗的写作能力。在这样的情况下,要想实现内容变现,可选择的途径是多样的。其中之一就是从文案入手,借助各大平台的自媒体大号变现,也就是向平台投稿,通过原创文案来获取稿费收入。

自媒体文案作者可以多关注一些自己感兴趣且有能力创作相关文案的账号,然后试着与其联系和投稿,从而实现变现。在这一变现方式中,要注意的是平台账号的选择——应该选择那些投稿审核快和成功率高的账号。

图 10-10 所示为"悦读"微信公众号的投稿入口及其相关文案。

对那些优秀的经常投稿的自媒体文案作者,平台可能还会考虑发展他们为专栏作者,从而让其在文案写作之路上走得更远。这样的发展道路在很多自媒体账号发布的投稿文案中都有提及。图 10-11 所示就是"灼见"微信公众号的"灼见投稿须知"文案内容。

图 10-10　"悦读"微信公众号的投稿入口及其相关文案

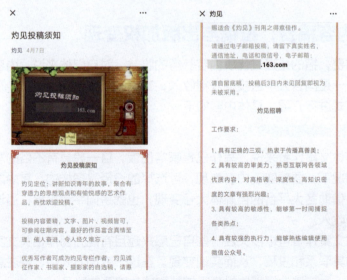

图 10-11　"灼见"微信公众号的"灼见投稿须知"文案内容

2. 出版图书获得稿费

出版图书获得稿费，主要是指自媒体在某一领域或行业经过一段时间的经营，拥有了一定的影响力或者有一定经验之后，将自己的经验进行总结，然后进行图书出版，以此获得稿费收入的盈利模式。

采用出版图书这种方式去盈利，只要平台运营者本身有基础与实力，那么收益还是很可观的，例如微信公众平台"手机摄影构图大全""凯叔讲故事"等就采取这种方式去盈利，效益也比较可观。

图 10-12 所示是微信公众平台"手机摄影构图大全"推送内容中介绍的一个与手机摄影相关的图书出版消息。

图 10-12 "手机摄影构图大全"微信公众平台上图书出版的案例

自媒体应该如何轻松出版属于自己的图书呢？一般来说，包括 9 个阶段，具体内容如下。

(1) 联系出版社。

如果自媒体文案作者想要出版图书，那么首先就需要与出版社取得联系。在选择出版社时，要根据自己出版的图书的类型选择合适的出版社或编辑。

既然一位自媒体文案作者想要出版一本外卖类的书，就选择一个合适的出版社来出版此书。一般来说，可从以下 4 个方面进行综合考虑，选出最适合的出版社出版该书，具体如图 10-13 所示。

在选择了最适合的出版社后，可以与出版社就要出版的图书的内容提要进行交流与沟通，让出版社了解要出版的图书的大致情况。在与出版社就图书的大致情况进行沟通时，双方需要商榷好 3 个方面的内容，即图书的内容提要、目录和样章。

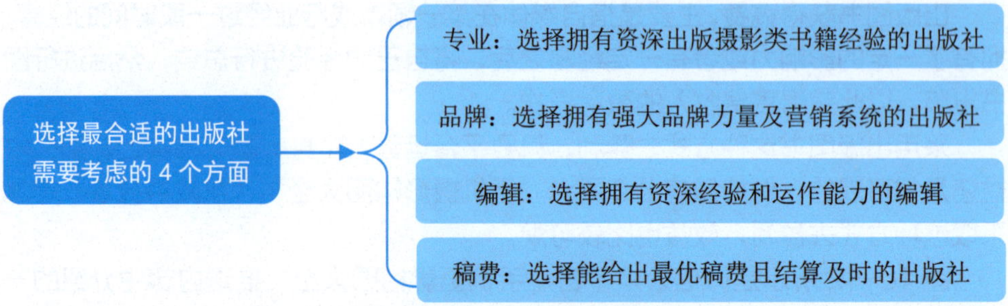

选择最合适的出版社需要考虑的4个方面
- 专业：选择拥有资深出版摄影类书籍经验的出版社
- 品牌：选择拥有强大品牌力量及营销系统的出版社
- 编辑：选择拥有资深经验和运作能力的编辑
- 稿费：选择能给出最优稿费且结算及时的出版社

图10-13　选择最合适的出版社需要考虑的4个方面

(2) 做市场调研确定选题。

作者与出版社进行了初步的沟通之后，接下来要做的就是商谈图书的选题和内容。双方在商谈图书选题的时候，要先商谈好图书的名称。笔者的一个朋友是钻研外卖运营的，并对此有独到的体会，同时想要出版一本这方面的书，因此初步确定书名与外卖运营相关，而且主要讲的是外卖运营的四大核心——商家、菜品、用户和物流。基于此，作者经过与出版社方面商定之后决定将书名定为《外卖运营完全攻略：商家运营＋爆款打造＋用户争夺＋物流配送》。

在进行图书选题商谈时，还需要先做好该类书籍的市场调查及分析，然后决定书中要写哪些方面的内容。因此，自媒体文案作者需要对4个方面进行了调研与思考，如图10-14所示。

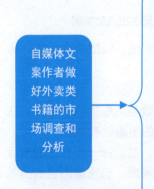

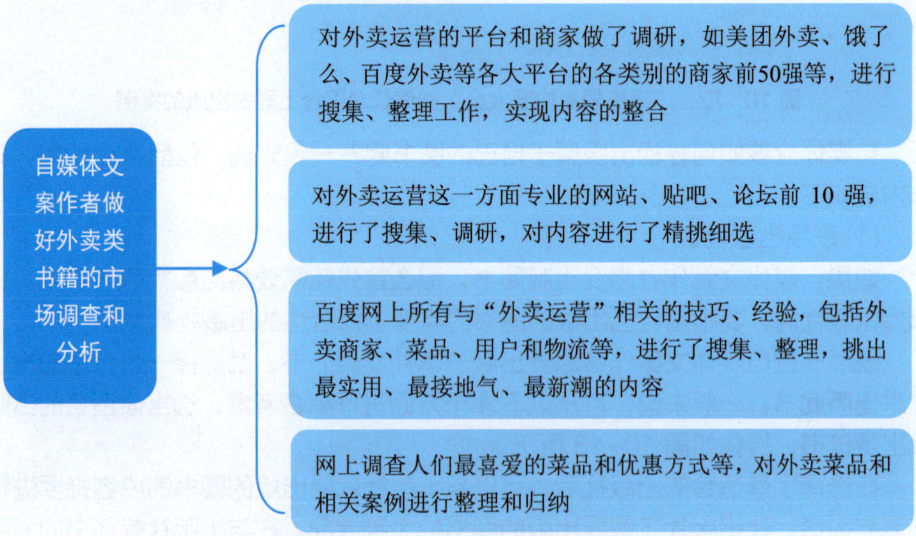

自媒体文案作者做好外卖类书籍的市场调查和分析
- 对外卖运营的平台和商家做了调研，如美团外卖、饿了么、百度外卖等各大平台的各类别的商家前50强等，进行搜集、整理工作，实现内容的整合
- 对外卖运营这一方面专业的网站、贴吧、论坛前10强，进行了搜集、调研，对内容进行了精挑细选
- 百度网上所有与"外卖运营"相关的技巧、经验，包括外卖商家、菜品、用户和物流等，进行了搜集、整理，挑出最实用、最接地气、最新潮的内容
- 网上调查人们最喜爱的菜品和优惠方式等，对外卖菜品和相关案例进行整理和归纳

图10-14　自媒体文案作者做好外卖类书籍的市场调查和分析

自媒体文案作者就图 10-14 中 4 个方面的调研结果，再加上出版社方面给出的建议，最后决定图书的基本结构和大致内容。

(3) 做目录和样章。

自媒体文案作者在与出版社商谈好所要出版的图书的书名与图书要写的大致内容之后，就要开始制作图书的目录及样章了。

目录是作者创作一本书时的指南针，它能够让作者在写作过程中不偏离书的主题思想，因此要认真对待。自媒体文案作者在制作图书目录时，首先要明确该本图书的总页数，然后才能进行本书的章节规划，同时目录要做得详细，要具体到三级目录。

制作好目录后，自媒体文案作者还需要写出样章。制作图书样章主要有两个方面的作用，即确定该书的基调和该书的写作风格。

(4) 申报选题和签订合同。

自媒体文案作者在制作完图书的目录及样章后，就可将目录和样章交给出版社审阅。如果出版社有意见和建议，作者就应该根据其建议进行修改；如果出版社认为目录和样章没有问题，那么出版社方面的负责人就可以向他们的上级申报选题。

图书的选题申报通过后，出版社就要与作者签订图书出版合同。

专家提醒

自媒体文案作者在与出版社签订合同时，要看清楚合同里的条款内容，合同里面主要包括出版社对该书的版权使用权限、出版社稿费支付方式以及违约金（一般违约金的金额是双方约定好的报酬的 30%）等方面的内容。

(5) 打造正文。

作者与出版社签订合同之后，就可以开始图书的写作了。在写作过程中，作者要注重图书内容的质量，并且要严格按照制作的图书目录去写作，同时要尽量保持在后续写作过程中图书内容的风格与之前制作的样章的风格一致。

如果作者在写作过程中发现目录或者其他方面存在某些问题，那么需要及时地与出版社进行沟通，寻找妥善的解决办法，以保证写作的图书质量可以达到出版要求。

(6) 检查并交稿。

作者在完成该书的写作之后，自己要对其进行详细的检查，查看书中是否有错别字、语法错误、逻辑错误以及不符合法律规范的言语等问题。

作者在检查完图书的问题后，就可以与出版社商量，让出版社开始制作图书的封宣，并在出版社制作封宣的过程中保持联系。封宣制作完成后应该让出版社把封宣制作效果传送过来给自己查看，如有不满之处，可向出版社提出自己的意见，让出版社改进。

至于封宣的相关内容，主要包括该书的封面宣传语、内容提要、前言3个内容。图 10-15 所示是《外卖运营完全攻略：商家运营＋爆款打造＋用户争夺＋物流配送》一书制作完成之后的封宣样例。

(7) 配合三审三校。

作者在对图书进行检查之后，就可以将图书交给出版社进行审校。在出版社审校过程中，要随时保持跟出版社之间的交流与沟通。

在出版社进行审校时，至少会对该图书进行 3 次审校，如若他们审出了图书中存在问题，就会将问题反馈给作者，作者应该积极配合出版社，对图书中的问题进行修改。

图 10-15 《外卖运营完全攻略：商家运营＋爆款打造＋用户争夺＋物流配送》一书的封宣样例

(8) 结算稿费。

当出版社审校工作结束之后，接下来作者就可以等待出版社出版《外卖运营完全攻略：商家运营＋爆款打造＋用户争夺＋物流配送》一书。出版社在出版该书后会免费给作者赠送该书的样书，作者只需等候样书到来即可。

作者出版一本书，最主要的目的就是获得报酬，因此作者最后一步要做的事情就是与出版社针对该书进行相关的费用结算申报和稿酬核算。当作者的费用结算申报通过之后，出版社就会付给作者应得的稿酬。

(9) 加紧做推广。

在图书已经出版并投入市场后，自媒体文案作者应该积极进行宣传，尤其是可以利用自己所创建的平台账号进行各种形式的推广，如图文、视频等。当然，自媒体文案作者还可以在图书正式投入市场前进行宣传预热，为图书的火爆销售奠定基础。

经过自媒体文案作者的推广，图书将获得更多的销量。而图书销量越多，自媒体文案作者可以获得的稿费也就越多。

088 专业咨询，一问一答间获得收益

知识付费在近几年越发火热，因为它符合了移动化生产和消费的大趋势，尤其是在自媒体领域，知识付费呈现出欣欣向荣的景象。付费平台也是层出不穷，比如在行一点、知乎、得到以及喜马拉雅FM等。

细分专业的咨询是知识付费比较垂直的领域，针对性较强，国内推出了知识付费的问答平台。例如，目前来看，新浪微博的收益方式主要分为两大类型，即广告收益和内容收益，内容收益又包括付费订阅、微博打赏和微博问答3种形式。

(1) 内容付费：这是顺应付费的潮流，其中提供的内容质量都是很高的，垂直性也很强，主要是为了获取收益。

(2) 微博打赏：微博打赏功能的开发分为两种情况，一种是已经是微博自媒体用户，小编会私信你进行测试开发；另一种是通过私信的方式自行申请。

(3) 微博问答：实际上微博问答和微博打赏是有联系的。在提出问题后，会有专业的人士回答问题，如果其他的用户也有相同的问题，可以直接打赏围观，金额可以自行设置。如图10-16所示，为笔者的微博问答平台。

图10-16 笔者的微博问答平台

问视的盈利主要是通过回答问题来完成的。图 10-17 所示的"个人中心"页面就有"累计收入"的图标。

图 10-17　问视的个人中心

089　第三方支持，提供便捷内容获利

随着自媒体平台的快速发展，自媒体文案作者要想快速实现内容变现，除了自身需要努力外，还可以求助于第三方支持。以微信为例，这里的"第三方支持"，主要是指基于微信平台的 SaaS 型工具产品。其作用就在于能为自媒体文案作者提供变现方面的技术支持。这一类产品主要有短书和小鹅通等。

在这些产品的技术支持和运营方案指导下，致力于在自媒体领域进行内容创业的文案作者，可以在平台上输入内容，创建一个专注于优质内容变现的"知识小店"。在这一变现模式中，付费用户将会更便捷地从平台上获取内容——只需扫一扫二维码，就可完成订阅、收听、购买等一系列操作。在这一过程中，内容创业者可轻松获得收益。

当然，对作者来说，第三方支持这一类型的工具型产品，之所以能成为变现的一种重要方式，除了其用户使用便捷外，其原因还在于平台能提供包含图文、音频、语音直播、视频直播等在内的多样化的知识形态，以及平台提供的运营方面的指导。特别是在用户、付费转化和社群运营等方面，更是为内容付费的变现提供了强大的支持。

090　平台补贴，跟上脚步快速盈利

对于自媒体文案作者而言，资金是吸引他们的最好手段，平台补贴则是诱惑力的源泉。作为魅力无限的内容变现模式，平台补贴自然是受到了不少内容生产者的注意，同时平台的补贴策略也成为大家的重点关注对象。

自 2017 年以来，各大平台便陆续推出了各种不同的补贴策略，具体如图 10-18 所示。

图 10-18　各大平台的内容创业补贴策略

平台补贴既是平台吸引自媒体文案作者的一种手段，同时也是他们盈利的有效渠道，具体的关联如图 10-19 所示。

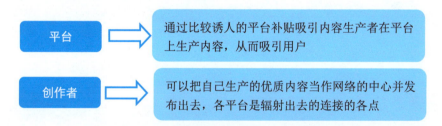

图 10-19　平台补贴对于平台和创作者的意义

在这样的平台补贴策略的保护之下，部分的内容创作者能够满足变现的基本需求，如果内容足够优质，而且细分得比较到位，那么变现的效果可能会更显著，获取更为惊人的补贴。

在借助平台补贴进行变现时，内容创作者也应注意一些问题，具体如下。

一是不能把平台补贴作为主要的赚钱手段，因为它本质上只是基础的保障作用；二是跟上平台补贴的脚步，因为每个平台的补贴都是在变化的，顺时而动是最好的。

第 11 章

商品变现：九大方面，文案带货事半功倍

> **学前提示**
>
> 在平台、广告和内容变现外，还有一种可以实现更多、更快变现的方式，那就是带货。有些自媒体会认为，不就是推广商品嘛，那还不容易？真的是这样吗？
>
> 其实，要想让商品变现事半功倍，自媒体还应该了解自媒体文案带货的方式和掌握带货的技巧。只有这样，才能成为成功的自媒体带货达人。

- 自营电商，一手交货一手盈利
- 微商代理，无店铺也能卖货赚钱
- 增值插件，仅靠链接就能盈利
- 个人体验，引导读者购买产品
- 优惠放送，推动读者入场购买
- 植入链接，喜欢就能直接购买
- 推出同款，影响力助力高销量
- 独家产品，让读者争相购买
- 聊天式推广，轻松间见产品收益

091　自营电商，一手交货一手盈利

自媒体的浪潮已经席卷了各个行业，电商行业也不例外。原始的一手交钱一手交货的买卖方式可以照搬到互联网上，在自媒体平台上也依然适用，而且相比传统模式，自媒体营销会更具有优势。

自媒体平台的便捷化，让自媒体文案作者的步伐迈得越来越大。目前，已经有不少电商巨头开始投入自媒体平台营销的大潮中。例如，在微信这一自媒体集聚的平台上，自媒体可以通过多种途径来售卖自己的产品。下面介绍几种常见的通过微信来推广自己店铺的产品或服务的方式。

(1) 朋友圈。

朋友圈中的读者都是具有高黏度的，利用它来推广更容易获得信任，能更快实现交易。图11-1所示为朋友圈中的好友推广自己线上店铺的产品的案例。

图11-1　朋友圈中的好友推广自己线上店铺的产品的案例

(2) 微信公众号。

一般来说，在微信公众号上，自媒体可以通过菜单和文案来经营自己的线上店铺。特别是通过菜单来做电商，售卖自己的产品是一种常见的方式。图11-2所示为"手机摄影构图大全"微信公众号在菜单上针对自己的产品做电商的案例。

至于文案，有些自媒体会设置专门的文案来做电商。读者只要一点击该文案，即可进入商品的购买页面。如大家熟悉的"京东JD.COM"微信公众号，除了在菜单上设置电商入口外，还通过文案设置了商品特卖入口，如图11-3所示。

读者点击相应内容，即可进入京东的商品特卖专区选购商品。

图11-2 "手机摄影构图大全"微信公众号在菜单上针对自己的产品做电商的案例

图11-3 "京东JD.COM"微信公众号的商品特卖入口

(3) 微信小程序。

相对于微信朋友圈和微信公众号来说，微信小程序在电商方面可能应用得更多，大多数微信小程序都已经成为自媒体推广自己的产品和服务的重要途径。有些自媒体链接的并不止一个小程序，而是多个，试图打造小程序电商营销矩阵。图11-4所示为京东的小程序电商相关页面。

图 11-4 京东的小程序电商相关页面

092 微商代理，无店铺也能卖货赚钱

传统的微商招代理，通常是通过微信朋友圈或微信群，其实利用微信公众平台也可以招代理。微商招代理是一种比较"反常规"的商业模式，为什么这么说呢？

因为微商招代理既能够让代理交钱，还能够让代理专注地为公司做事。通常，微商招代理入门都要缴纳一定的入门费用，其实这笔费用并不是无偿的——代理缴纳费用后，公司会为代理提供相应的产品、培训以及操作方法。

图 11-5 所示为一篇招微商代理的文案。

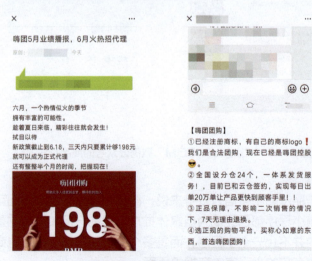

图 11-5 招微商代理的文案

读者在微信朋友圈中，经常可以看到微商代理发布的一些产品信息，如图 11-6 所示。对自媒体来说，只要自己的粉丝和读者较多，也可以通过做微商代理来变现。

那么，自媒体如果想要做好微商代理，应该怎么做呢？在笔者看来，关键是选择合适的产品，具体如图 11-7 所示。

图 11-6　微信朋友圈中的微商代理发布的产品信息

做正品 → 做微商代理，一定要确保所选择的产品是正品，品质优良，这样才能给用户带来价值，才能让用户放心购买。长时间坚持下去，就能增强他们的信任感

易推广 → 基于手机屏幕较小，如果投放的图片中的产品太复杂的话，是很难看清细节的，因此，做微商代理的自媒体在选择产品时，应该选择易推广的，也就是产品容易展示和传播的。如果无法用手机通过图片和文字把产品完整地展示出来，那么这样的产品就应该放弃

易消耗品 → 一般来说，易消耗品价格较低、替代性强、寿命短，很多用户都会重复购买。这样的产品在销售时，一般以价格优惠、配送及时取胜，而微商渠道就具备这样的特点。因此，自媒体应该选择易消耗品来做代理，以便获得可观的利润

竞争小 → 做微商代理的渠道毕竟比较窄，用户数量相对少——都是比较熟悉的人，因此，自媒体应该选择竞争比较小的产品做代理。这样一方面可以避开单一平台上的激烈竞争，另一方面可以避开与淘宝、京东等大的电商平台上有着价格优势的产品竞争

图 11-7　自媒体选择合适的产品做微商代理

093　增值插件，仅靠链接就能盈利

增值插件，指的是自媒体在平台上利用自定义菜单栏的功能添加微店、淘宝店铺、天猫等可以购买产品的地址链接，或者直接在文章内添加可购买产品的链接，以此引导粉丝进行产品购买的一种盈利方式。

自媒体要采用这种方式来变现的前提是自己拥有微店、淘宝、天猫等店铺，或者是与其他商家达成了推广合作的共识，在自己的平台上给合作方提供一个链接入口，或者在推送的文章中插入合作方的链接。

专家提醒

看到这里，可能读者就会有疑问：不是与自营电商中的一些变现方式重复了吗？其实，"自营电商"中介绍的通过菜单来售卖自己的产品的功能，也是自媒体增值插件的一种，但是自媒体增值插件并不仅仅局限于自身店铺的线上经营，它还包括其他的一些方式——所有可以让自媒体获得更多收益的菜单的链接都可称为增值插件。

添加增值插件这种盈利方式，很多自媒体平台都使用过或正在使用，如"凯叔讲故事""罗辑思维"等微信公众号。

094　个人体验，引导读者购买产品

上文介绍了3种让自媒体通过商品变现的方式，读者对自媒体如何带货有了一定了解，接下来就介绍如何让这种变现途径更好、更顺利地帮助自媒体获利的方法。本节笔者要介绍的是通过在文案中加入个人使用体验来促进产品成交的方法。

作为自媒体文案人员，仅通过简单的图文内容介绍就想要让读者详细地了解产品、让他们能放心购买，一般来说还是比较难的，除非自媒体本身有着非常强的号召力和影响力。对大多数自媒体来说，特别是那些进入自媒体领域不久的新手来说，一般是不能达到通过号召力和影响力来促进读者购买的标准的。

自媒体就有必要通过一些途径来介绍和表现产品，让读者能全方面地了解产品，进而放心购买。那么读者在什么情况下最易抛开担心而购买呢？在笔者看来，当有人真正实践过，且展现出来的内容能说明这样的实践是真实的，读者就会在吸引力的作用下并基于信任而购买。

因此，自媒体可以在文案中加入自己的使用体验来推广产品。图11-8所示为加入了自己的使用体验的自媒体文案案例。

图11-8 加入了自己的使用体验的自媒体文案案例

从图11-8可以看出，前者主要围绕唇膏颜色这一方面的特色。首先把其外壳与唇膏本身做对比，突出其颜色和味道。然后从色号方面出发，推出号称最出名的色号525，但"小蛮蛮小"马上指出其在颜色方面的瑕疵，并表示自己最喜欢的还是色号420，并写出了它的3个特色：一是比色号525年轻，认为这才是樱桃本色；二是红润润的特别提气色；三是黄、白和黑等肤色都适用。而在这些介绍中，自媒体的体验始终贯穿其中。

后者推广的是一款护肤品——Korres酸奶水凝霜。在介绍产品时，首先从酸奶入手，点出其特点——爽滑可口。然后正式进入介绍产品阶段。然而作者也不是直奔主题的，而是利用两种产品作铺垫——酸奶洁面和升级版氨基酸洁面，特别是升级版氨基酸洁面，"小蛮蛮小"在介绍时着重体现其"温和"特性——"不是日系洁面那种搓盘子的光洁感，而是像把你脸摁进一桶牛奶里浸润过那种滑嫩感"，正是因为具有这样的特性，于是成为"我"的最爱。

在酸奶洁面和升级版氨基酸洁面后，介绍了一种酸奶水凝霜，首先通过酸奶来对比，说明它比酸奶洁面更像酸奶，又通过使用来对比，说明它在像酸奶的同时，在使用时更像果冻，轻盈丝滑。接下来就是自媒体使用体验的核心内容了，主要是从两个方面着手的：一方面突出其"不干也不油腻"，另一方面突出其对修复屏障的益处，即使有过敏症状的也无碍。最后结合环境和产品特性，写出适用人群——为懒人量身打造。

再来看一个在内容中加入了使用体验的自媒体文案案例，如图11-9所示。

图 11-9 加入了使用体验的自媒体文案案例

其实，使用体验不仅表现在自己身上，还表现在用户身上。上图中的案例就是如此。该篇文案介绍的是小星球的后期制作方面的案例，且这一篇文案明显是承接自媒体以前的文案而写作的。在该篇文案中，自媒体从一个摄友在掌握了相关技巧的情况下展示了制作出来的小星球效果照片入手，揭示了文案的主题——"想 100 遍，说 10 次，不如动手 1 次"。

095 优惠放送，推动读者入场购买

自媒体推广产品主要是为了促进产品的成交，而读者是否购买产品，关键在于三点：一是有需求，二是产品品质好，三是能提供优惠。其中，"有需求"是从读者方面来说的，这是促进差评转成交的主要因素。一般来说，没有对产品产生需求的读者，大多是不会考虑购买的。"产品品质好"是从品牌方和销售方来说的，这是产品获得读者好感、赢得信任度和口碑的必要条件，也是获得好评和二次销售的基础。

从"能提供优惠"这一点来看，是加快读者购买的条件。如果自媒体只介绍产品的品质如何好，对哪些人有益或有作用，那么那些有迫切需求的人和忠实读者是会购买的，其他人可能还处于观望态度。如果自媒体把产品品牌方推出的优惠信息，如优惠码、优惠券等加入文案中，且优惠力度适当，那么就可能促进那些对产品有需求但处于观望态度的读者下决心购买。

图 11-10 所示为推送了优惠券的自媒体文案案例。由图 11-10 可知，首先在标题上写明了优惠券的性质和力度——"5000 元无门槛"，吸引读者关注，

然后在文案中具体介绍了两种无门槛优惠券的超级福利模式，大多数读者看到这种数额较大且门槛低的优惠券都会去关注产品，最终可能会基于把优惠券用掉而购买产品。

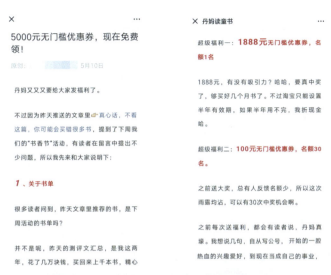

图 11-10　推送了优惠券的自媒体文案案例

图 11-11 所示为推送了优惠码的自媒体文案案例。

图 11-11　推送了优惠码的自媒体文案案例

图 11-11 是一篇文案的开头和结尾展示，它们都展示了优惠码，前者可以吸引读者继续读下去，后者可以再次唤醒读者的购买兴趣，促进读者下单。当然，

在文案中推送优惠码的情况是比较少的,更多的自媒体文案还是推送商家的优惠券和打折的优惠信息。

专家提醒

除了优惠券和优惠码外,自媒体还可以在文案中推送其他优惠信息,从而促进读者购买产品。图 11-12 所示为推送打折的优惠信息和赠送礼品信息的自媒体文案案例。

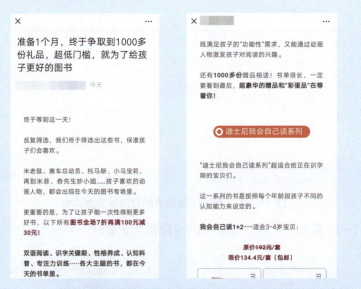

图 11-12　推送了打折的优惠信息和赠送礼品信息的自媒体文案案例

096　植入链接,喜欢就能直接购买

在加入了使用体验、推送优惠码和优惠券等促进读者购买的情况下,如果有些读者见"猎"心喜,想马上购买,那么自媒体应该抓住读者瞬间心动的机会,让他们快速下单。那么此时自媒体应该怎么做呢?就是在文案中插入购买链接,从而方便读者直接购买。

说到购买链接,文案中可以插入的方式有很多种,一是从文字跳转到购物页面,二是从插件图片跳转到购物页面,三是通过识别购买二维码进入购物页面。首先来看一个从文字跳转到购物页面的文案案例,如图 11-13 所示。

图 11-13 中的文字购买链接,是放在文案末尾的,方便那些有兴趣读完全文并受到高的产品性价比影响而决定购买的读者直接下单。读者只要轻轻点击,即可进入相应的小程序页面购买。

图 11-13　植入文字从而跳转到其他购物页面的文案案例

再来看一个植入插件从而跳转到其他页面的文案案例。这里的插件更多的是指小程序插件、广告插件等。图 11-14 所示为植入小程序插件而跳转到购买页面的自媒体文案案例。

图 11-14　植入小程序插件而跳转到购买页面的自媒体文案案例

图 11-14 是"凯叔讲故事"微信公众号推送的一篇文案,它就采用植入插件的方式来植入购买链接。更重要的是,在这篇文案中,自媒体植入插件的地方

不止一处,它共植入了 5 处——插入的内容和形式都是相同的,每介绍一种功能和特点时就插入一次,如图 11-15 所示。这样可以方便那些被某一功能和特点击中痛点的读者立刻购买,而不需要重新翻到页面中的其他位置去寻找购买链接,然后回来继续阅读,否则既影响读者的购买体验,也影响他们的阅读体验。

图 11-15　根据特点和功能多次植入插件的自媒体文案案例

植入购买二维码而跳转到购买页面也是一种常见的方式,如图 11-16 所示。

图 11-16　植入二维码购买链接的自媒体文案案例

图 11-16 所示的购买链接植入方式，所选择的植入位置一般是文末，其运用与文字购买链接植入相似，但是明显比文字链接更显眼，因而也更受自媒体和商家青睐。

097 推出同款，影响力助力高销量

上文介绍的在文中植入购买链接，其目的是方便读者直接购买。而要想让读者的购买力增强，坚定其下单的决心，自媒体还应该在推广产品时注意一些技巧，如推广同款产品、独家产品等。本节就从推广同款产品出发，介绍让读者争相购买的做法和技巧。

这里的"同款"主要包括两种，一是名人同款，二是自媒体同款。首先介绍推广名人同款产品的技巧。

这里的"名人"包括明星、领域大V等。前者可以借助其粉丝的号召力和广泛的知名度来吸引读者购买，特别是粉丝号召力，其影响是非常大的。因此，自媒体就可以在文案中加入其使用的同款产品而引导读者下单，如图 11-17 所示。

图 11-17 加入明星使用的同款产品的自媒体文案案例

图 11-17 所示是一篇通过与戛纳电影节上众多女明星同款的产品来进行推广的部分内容。文案中介绍了多位明星的众多同款产品，且这些产品的价格还比较低，一般人能买得起。这对于那些明星的粉丝来说，能穿上自己喜欢的明星的同款产品，会是一件非常值得高兴的事情。即使是不追星的读者，在看到明星同

第十一章 商品变现：九大方面，文案带货事半功倍

款产品非常适合自己时，也希望购买一件，穿出自己的风格。

至于领域大V，相对于明星来说，自媒体推广与他们相关的同款产品，其专业性会更强，更能被读者所信任。例如，一位摄影领域的大V，推广自己使用的同款摄影器材，读者在看到时就会想，大V们都选择使用这样的产品，那么产品品质一定比较好，因而会选择购买。可见，领域大V的带货能力还是很强的。

图11-18所示为知名美妆播主"小蛮蛮小"的同款产品推广的自媒体文案案例。

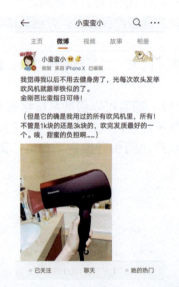 

图11-18　知名美妆播主"小蛮蛮小"的同款产品推广的自媒体文案案例

由图11-18可知，前者是"小蛮蛮小"利用自己的微博号推广的介绍某一款吹风机的文案，后者是品牌联合"小蛮蛮小"推广"雅萌"美容仪的文案。然而无论是哪一种，它们都志在利用"小蛮蛮小"这一美妆领域大V的影响力来完成带货，增强产品变现能力。

当然，上面这两种方式的带货，没有一定实力的自媒体是无法做到的，然而自媒体领域中具备这样的实力的自媒体还是占少数的，因此，如果他们想要推广同款产品来引发读者争相购买，就只能选择一种方式，那就是推广自媒体同款产品。也就是说，让自媒体现身说法，以其取信读者，从而推广产品。

图11-19所示为一个手机摄影领域的公众号基于使用手机时担心没电的背景，从而推广一款自己使用的同款充电宝的案例。

由图11-19可知，该自媒体在标题上就点出了产品的重要性——"手机'续命'必备神器，让你拍大片永不断电！"从而吸引读者阅读正文。在正文中，自媒体向读者介绍同款产品，注意从多个方面来说服读者购买。

由右图可知，上文介绍的是这款充电宝"好看"的外观，后文将要介绍的是充电宝的内涵，这样从外到内，让读者可以清晰地了解产品，然后基于对产品外观和内涵的满意而购买产品。

图11-19　自媒体推广自己使用的同款产品的文案案例

098　独家产品，让读者争相购买

大家在浏览互联网上的内容或看到相关报道时，对一些标注有"独家"字眼的内容会更加关注。因为有"独家"字眼的，就表明在其他地方是不可能看到的，只能选择它来了解具体内容。此时读者会觉得，如果错过了，那么会是非常遗憾的。

特别是那种不可重复且被垄断的事物，就更容易吸引读者的目光。例如，一部电视剧，它已经作为独播剧被某一电视台垄断了，如果不及时抓住机会观看，就有可能需要购买会员才能观看，那么，在该电视剧获得观众好评的情况下，是会吸引更多观众准时观看的。

其实，自媒体推广某一款产品同样是如此。因为产品并不是可以立刻复制的，从生产到销售，一般是有数量限定的。基于此，如果一款产品好评如潮，那么在有时间或数量限制的情况下是会引起读者抢购的。

因此，自媒体在推广产品时，可以基于读者的这一心理来推送独家产品——能激起读者的购买紧迫感，促进他们更快下单。

1. 限制时间

在限制时间方面，自媒体也可以从两个方面着手，一是限制销售时间，二是限制优惠时间。

从限制销售时间来看,主要是让自媒体基于产品数量而加一个时间限制,避免出现读者想买而商家无货的局面,同时也可以让读者在产品可能马上无货的心理暗示下,激励他们购买。

如很多自媒体会在显眼位置标明"售完即止"的字样,就是很好地利用了读者的这一心理。可能还有商家会规定具体的产品销售时间,错过了规定的时间范围,就不可再购买。特别是一些线下课程的推广,就常用这样的方法。因为推出线下课程,是需要根据购买人数来布置线下教学场景的,这是需要时间的,因此一般会安排一个截止报名时间。

图11-20所示为采用限时优惠的方式推广独家课程的自媒体文案案例。

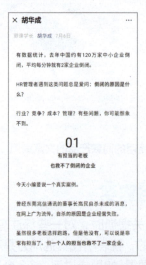

图11-20　采用限时优惠的方式推广独家课程的自媒体文案案例

在文案的结尾处,通过"课程原价199,限时3人拼团价99"以及"活动仅限今天,马上涨价"等内容,来刺激用户下单的积极性。从限制优惠时间来看,主要是自媒体想激发其读者踊跃报名的决心——让读者早报名,快速报名,这样才能享受到购买产品的优惠。

从限制优惠时间来看,主要是自媒体想激发其读者踊跃报名的决心——让读者早报名,快速报名,这样才能享受到购买产品的优惠。图11-21所示为限制了购买产品优惠时间的推广独家产品的自媒体文案案例。

从图11-21可以看出,图中可以享受优惠价的团购活动,是设置了结束时间的,即6月11日23:59。如果没有在团购活动期间买到产品,那么无法享受优惠。而对于读者来说,本来可以少花钱就可以买到东西,是不会愿意多花钱买的,即使知道它是商家的刺激消费活动,也愿意趁着产品更优惠时购买。

图 11-21　限制了购买产品优惠时间的推广独家产品的自媒体文案案例

2. 限制数量

与限制时间一样，在限制数量方面，也可以从销售产品的总数和可以享受优惠的产品数量来推送独家产品。当然，有时还会为了加大数量方面带给读者的紧迫感和扩大产品影响范围，自媒体会要求每人限购 X 件（X 斤）。

一般来说，在限制销售产品的总数方面来加以限制，会用"售完即止""限量 XXX 件""只限 XX 人"等字眼，如图 11-22 所示。

图 11-22　限制了产品总数的推广独家产品的自媒体文案案例

自媒体文案写作从入门到精通

由图 11-22 可知,"手机摄影构图大全"微信公众号推广的摄影私房课,其规定的报名人数很少,只有 5 人,并用加粗字体突出显示出来。基于名额如此少的原因,自媒体就提醒读者"名额有限,报名请从速"。

不知大家注意到没有,在加粗显示的下方,还围绕时间给出了优惠策略,这就是上文提及的限制了购买产品优惠时间的推广独家产品的案例。而该自媒体把二者结合起来,能更好地刺激读者快速报名。

而在限制可以享受优惠的产品数量时,自媒体可从产品本身或者购买者数量两方面加以限制,同样可以达到让读者快速购买的目的。当然,其中可以享受到的优惠的表现形式是多样化的。图 11-23 所示为限制了可以享受优惠的产品数量的推广独家产品的自媒体文案案例。

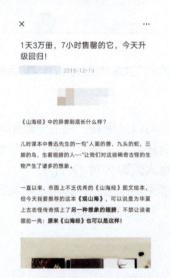 

图 11-23　限制了可以享受优惠的产品数量的推广独家产品的自媒体文案案例

由图 11-23 可知,对于前 100 名下单的读者,该自媒体推出了"早鸟福利",让他们不仅可以买到限量发售的优质产品,还可以获得精美赠品,这无疑是喜欢《山海经》的读者的福音。

专家提醒

自媒体要注意的是,本节介绍的基于独家产品而推出的带货变现策略,"独家产品"是基础,只有这样的产品才能提升读者的认知,能让限制时间和数量的策略发挥更大的作用。因此,自媒体在选产品时要特别注意,不能选择那些随处可见的、没有品质和特色可言的产品,最好是独家产品,否则就会影响产品的文案推广。当然,如果不是独家产品,也应该选择品质好、有特色的产品。

099　聊天式推广，轻松间见产品收益

对自媒体来说，可以推广产品的场景有很多种，相较于严肃认真地推广产品，笔者相信，读者更愿意在轻松愉悦的场景下接收产品推广信息，也更愿意在这样的场景下了解产品和购买产品。

从这一点来说，自媒体可以选择在与读者聊天时或以聊天的方式推广产品，这样容易被读者所接受。无论是互联网还是移动互联网，自媒体与读者之间的聊天方式和场景有多种，如微信、朋友圈、微信群、QQ、QQ群、微博、平台私信等。

图 11-24 所示为朋友圈中的聊天式推广产品的自媒体文案案例。

图 11-24　朋友圈中的聊天式推广产品的自媒体文案案例

从图 11-24 可以看出，自媒体推广的产品为进口 U 盘和酱菜，虽然是不同类型的产品，但是发布的人都注意运用了聊天式推广产品的技巧。总体来说，包括 5 个方面的技巧，下面进行具体介绍。

1. 调动聊天氛围

通过聊天推广产品，自媒体首先需要调动聊天氛围，而不是一开始就进行推广。例如，图 11-24 中的两个案例，前者首先用符号来引起注意，然后指向"开车的朋友"，一方面，它相当于称呼语，启动聊天模式；另一方面可以更精准地找到推广目标。后者借助端午节的氛围，首先向大家表示祝福，这是朋友间聊天的必备打开方式，在调动聊天氛围方面同样有着非常重要的作用。

2. 把握聊天节奏

在把握聊天节奏方面，图 11-25 中的两个案例也是值得肯定的。图 11-25 所示为上图中的推广文案全文。

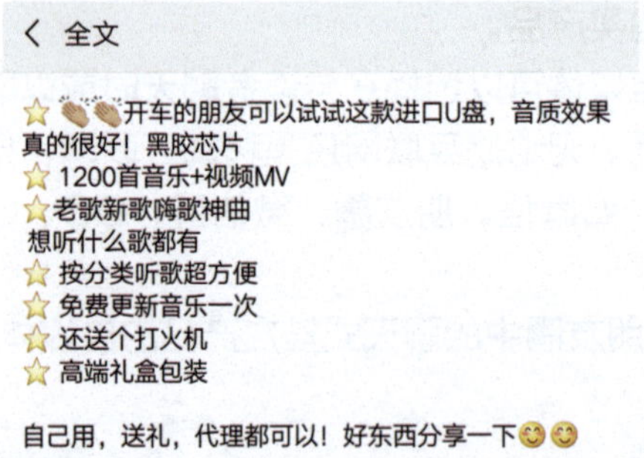

图 11-25　朋友圈中的推广文案全文

从图 11-25 所示的文案全文可以看出，自媒体在调动了聊天氛围的情况下，就直接进入主题，没有拖沓，这是利用朋友圈进行推广的关键之一——因为朋友圈文案一般是短文案，要求简短精练。在第一句话中就从总体上说明了推广产品的特点，吸引读者继续关注。

接着利用项目符号，一项项地来说明产品的各种特点和购买福利，让人一目了然，一步步引导读者阅读。最后，说明购买产品后的使用场景，并以朋友的口吻引导读者分享。

全文读下来，并不感觉非常生硬，而是让读者在阅读的同时感觉是和一个好友在交谈，并就一件产品讨论了它的特点。像这样的聊天式推广文案，读者一般是不会反感的。

而图 11-24 中的后一个案例，在给出祝福后，也是直接给出推广产品的店铺名称和地址，邀请读者光顾。"……等着你们"和 3 个表示"馋"的表情包，非常接地气，让读者倍感亲切。

3. 注意话语引导

聊天式的推广产品文案中，话语引导是贯穿全文的。这种引导并不是没有目的性的，恰恰相反，它具有强目的性——话语会逐渐向产品和品牌靠拢，让读者的目光逐渐聚焦于产品。

从某一方面来说，图 11-25 中的案例，从引导关注的"试试这款进口 U 盘"，到引导购买的"自己用，送礼，代理都可以"，最后到引导分享和二次推广"好东西分享一下"，是一步步推进的。

其实，在微博中可以看到很多注意利用话语引导读者关注品牌及其产品的聊天式文案，如图 11-26 所示。

图 11-26　微博中利用话语引导关注的文案案例

图 11-26 中的前面 3 行，首先说明文案的主题，虽然入题快，但这样的总结式入题并不让人感觉突兀，而是夺目吸睛。然后运用述说且略带感叹的口吻，轻松地引导读者进入聊天场景。然后对主要内容进行总结，并表达期望和祝福。读来能让读者觉得轻松、愉快，而不是厌烦，可见，在话语引导方面是下了功夫的。

4. 注意评论

自媒体人在朋友圈中发布文案，如果文本超过 140 字，则文字可能会被折叠起来。此时用户就需要点进原文里仔细阅读。基于此，自媒体应该想一个办法来让自己所写的内容，能够完完整整地被大家看到。

而将文本的重要信息截取出来，放在评论中是一个十分明智的做法，因为微信评论是不会被隐藏起来的。当然，有一些自媒体认为提炼重点太麻烦，也会选择直接将文本复制至评论处。

专家提醒

除了原本的文本信息，如果自媒体在推广产品后还有需要补充的信息，也可以直接写在评论处。这样，点赞或评论过那条朋友圈的所有人都能看到所发的有效信息。

5. 售后服务

有些自媒体在带货的过程中，在交易完成后可能觉得已经完成销售了，或者认为是帮助商家卖产品，售后服务与自己无关。其实，这样的做法都是错误的——自媒体无论是推广自身产品还是帮助别人带货，都需要做好售后服务，这样才能提升读者的好感，才有可能促成二次成交。图 11-27 所示为在微信中推广产品的售后服务案例。

图 11-27 在微信中推广产品的售后服务案例

由图 11-27 可知,自媒体做好售后服务——只是一个简单的产品推广和是否到货的问候,就引起了接下来的读者的回购和其他产品的销售,可谓是一次成功的售后服务。

第 12 章

其他变现：九大高招，招招帮你多赚

学前提示

对自媒体来说，盈利方式自然是多多益善——当一种方式行不通时，还可以另辟蹊径，选择其他的方式。因此，本章本着为读者服务的原则，在前面 4 章介绍变现方式和技巧的基础上，再次奉献九大高招，助力自媒体盈利。希望自媒体在学习完 5 章变现内容后，不再错过任何变现机会。

- 企业融资，快速入账千百万元
- 冠名赞助，别人花钱你来赚钱
- MCN 模式，有优势更易变现
- 代理运营，有手段就能赚钱
- 众筹模式，获得项目的第一桶金
- 经纪人模式，绝不亏本的中间商
- 会员模式，同类中只选择你付费
- 线下收入，面对面的聚众变现
- 跨界合作，让收益成倍增长

100　企业融资，快速入账千百万元

各种自媒体的火热发展也引发了不少投资者的注意，相信不少人都知道 papi 酱的名号。她拥有多重身份，在其微博平台上，粉丝数量已经突破了 3000 万。可见人气之高，影响力自然也不在话下。图 12-1 所示为 papi 酱的新浪微博页面。

图 12-1　papi 酱的新浪微博页面

融资就由 papi 酱这一热点带入了广大网友的视野。作为自媒体的前辈，"罗辑思维"也为 papi 酱投入了一笔资金，联合徐小平共同投资 1200 万元。papi 酱奇迹般地转变为身价上亿元的短视频创作者。而这一切，仅仅用了不到半年的时间。

融资的变现模式对创作者的要求很高，因此可以适用的对象也比较少，而且 papi 酱也是目前新媒体领域短视频行业的个例。无论如何，融资也可以称得上是一种收益大、速度快的变现方式，只是发生的概率比较小。

而在众多自媒体集聚的平台上，有着众多的优质内容创作者。因此，通过企业融资获利是比较快而且效益可观的获利方式。例如，头条号"硅谷密探"就是一个非常成功的案例。它在头条号上获得上千万阅读量的情况下，轻松获得了多轮资本投资，其投资方有中科创星、集结号资本、黑洞资本和云起资本等，如图 12-2 所示。

又如，沈帅波也是一个做得很成功的自媒体人。相较于 papi 酱和"硅谷密探"来说，沈帅波做的自媒体更多的是集中在微信、微博平台上，且在微信平台上，更是建成了以 4 个垂直行业头部账号为主的自媒体矩阵，如图 12-3 所示。

在这些自媒体头部账号和其他账号的运营下，沈帅波所打造的自媒体矩阵的粉丝总量已经突破 500 万。而在其走进自媒体的 7 年内，他已成功融资上千万元。

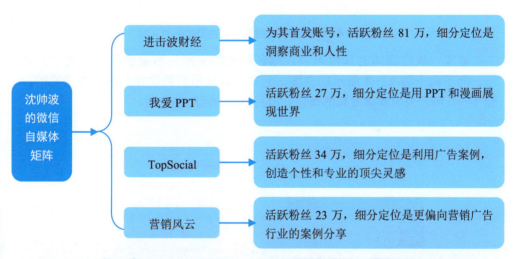

图 12-2　头条号"硅谷密探"的融资经历

图 12-3　沈帅波的微信自媒体矩阵介绍（数据来源于新榜平台，截至 2019 年 5 月）

其实，在笔者看来，做好自媒体，创作优质原创内容，迅速吸引大量粉丝关注，在这样的情况下，获得企业融资并不是一个天方夜谭，而是有可能成为你变现的途径的。只是利用这种途径变现，还需要有着强大的创作实力和魅力，才能成功。

101　冠名赞助，自己不花钱还赚关注

一般来说，冠名赞助，指的是自媒体在平台上策划一些有吸引力的节目或活动，并设置相应的节目或活动赞助环节，以此吸引一些广告主的赞助来实现变现。

图 12-4 所示为一个自媒体发布的关于冠名赞助商的文案。

图 12-4　自媒体发布的关于冠名赞助商的文案

其实，从自媒体的角度来说，冠名赞助的文案内容更多的是对活动的介绍，而不同于图 12-4 所示的文案，更多的是从冠名赞助企业的角度来说的。图 12-5 所示为自媒体发布的有企业冠名赞助的活动的文案。

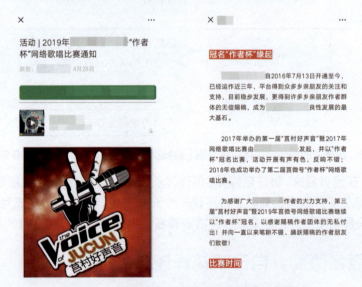

图 12-5　自媒体发布的关于冠名赞助商的文案

对自媒体来说，它的冠名赞助，更多的是指自媒体在平台上推送一些能吸引人的软文,并在合适位置为广告主提供冠名权,以此来获利的方式。例如,大家熟悉的一个微信公众号就通过为众多企业和商家冠名来获利。图12-6所示为它"洪胖胖"冠名的文案内容。

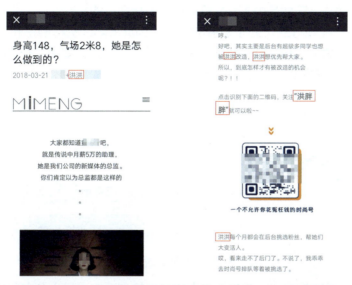

图12-6　某一微信公众号推送的为"洪胖胖"冠名的文案内容

通过这种冠名赞助的形式,一方面,对自媒体来说,它能让其在获得一定收益的同时提高粉丝对活动或节目的关注度;另一方面,对赞赏商来说,可以利用活动的知名度为其带去一定的话题量,进而对自身产品或服务进行推广。因此,这是一种平台和赞助商共赢的变现模式。

102　MCN模式,有优势更易变现

MCN,是Multi-Channel Network的缩写,MCN模式来自国外成熟的网红运作。它是一种多频道网络的产品形态,基于资本的大力支持,生产专业化的内容,以保障变现的稳定性。随着自媒体的不断发展,用户对接收的内容的审美标准也有所提升。因此这也要求运营团队不断增强创作的专业性。

MCN模式逐渐成为一种标签化IP,单纯的个人创作很难形成有力的竞争优势,因此加入MCN机构是提升内容质量的不二选择。一是可以提供丰富的资源,二是能够帮助创作者完成一系列的相关工作,比如管理创作的内容、实现内容的变现、个人品牌的打造等。有了MCN机构的存在,创作者就可以更加专注于内容的精打细磨,而不必分心于内容的运营、变现。

就以创作较复杂的视频内容为例,MCN机构开设了新片场社区,它一开始

是以构建视频创作者的社区为主，它聚集了 40 多万的加 V 创作者，从这些创作者生产的作品中逐渐孕育出《造物集》《感物》《小情书》等多个栏目，而这些栏目渐渐地也形成了标签化的 IP。比如基于新片场社区而产生的"魔力美食"短视频创作团队，它就是由 MCN 机构模式孵化而来的。

直播和短视频行业正处于发展的阶段，因此 MCN 机构的生长和改变也是不可避免，而大部分短视频平台的头部内容基本上也是由如图 12-7 所示的几大 MCN 机构助力生产的。

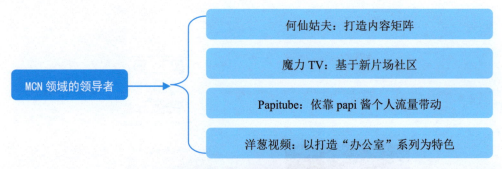

图 12-7 MCN 领域的领导者

MCN 模式的机构化运营对于自媒体内容的变现来说是十分有利的。同时也要注意 MCN 机构的发展趋势，如果不紧跟潮流，就很有可能无法掌握其有利因素，从而难以实现变现的理想效果。单一的 IP 可能会受到某些因素的限制，但把多个 IP 聚集在一起就容易产生群聚效应，进而提升变现的效率。

103　代理运营，有手段就能赚钱

一些企业想要尝试新的营销方式，这又给了创业者一个机会——一些自媒体已经在营销上小有成就，掌握了一定经验和资金，于是这些账号开始另找财路，帮助一些品牌进行运营。

现在的自媒体平台有很多粉丝过百万的独立账号，这些账号的粉丝基本上是通过微信代运营这一模式，依靠以前在微博上积累的用户转化过来的。图 12-8 所示为微信代运营的模式。

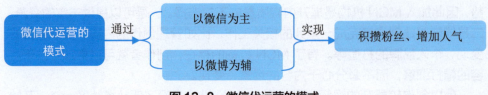

图 12-8 微信代运营的模式

在企业拥有人才、资金优势的情况下，为什么还要外包，找自媒体做代运营呢？在笔者看来，主要是基于3个方面的原因，如图12-9所示。

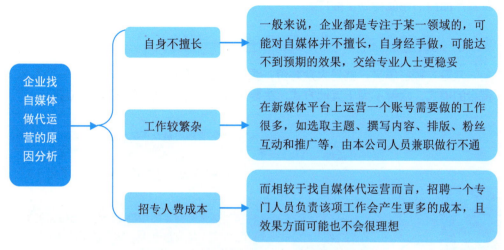

图12-9　企业找自媒体做代运营的原因分析

基于图12-9所示的3个方面的考虑，企业找自媒体做代运营已经成了移动互联网时代做自媒体和新媒体的最好的办法。

其实，对于自媒体来说，帮助企业做代运营，在自身已经有了多年运营经验的情况下，是能轻车熟路地做好这一项工作的，然后就能获得企业提供的报酬。那么，自媒体做代运营，主要的工作内容是什么呢？在笔者看来，主要包括两个方面，具体分析如下。

1. 内容运营

内容作为一个自媒体的重要组成部分，是吸引读者关注和让读者了解它的重要途径，因此，内容不可少，也不可胡乱写作。基于此，自媒体帮助企业做代运营，首先要做的就是打造优质内容。

在打造内容时，做代运营的自媒体应该立足于企业，从企业的行业方向上去打造内容，并充分运用好企业的资源，把企业的各种可以公开的动向和策略，运用各种技巧表达出来，让读者受到吸引。

而不能抛开企业，纯粹是从吸粉的角度出发，打造完全与企业无关的内容，不能吸引精准粉丝，这是不利于宣传企业及其品牌的，也不利于后期的营销推广。

2. 推广运营

如果说打造内容是为了吸粉、增加粉丝黏性与提升粉丝忠诚度、树立企业形象，那么推广运营则更侧重于扩大粉丝阵营和推广产品。因此，自媒体就需要利用自身资源来助力推广，如在自己的平台上推广、把文案分享到微信群中等，从而提升文案的点击量和传播度。而在文案推广的过程中，作为自媒体主体的企业及其产品自然也就得到了推广。

104　众筹模式，获得项目的第一桶金

众筹，顾名思义，就是大众筹资，源自 crowdfunding 一词。作为一种筹集资金的模式，众筹不同于其他方式，主要表现在 3 个方面，如图 12-10 所示。

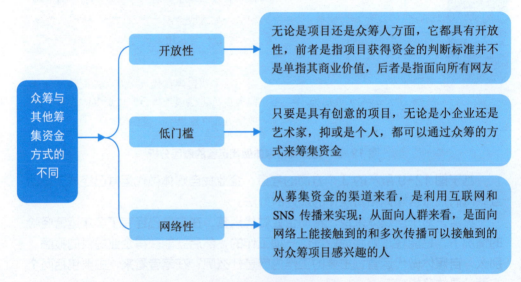

图 12-10　众筹与其他筹集资金方式的不同表现

众筹这一筹集资金的方式更多的是出现在科技领域，如 IT 领域就有很多人在做众筹。对于自媒体来说，特别是科技类的自媒体，运用众筹方式筹集资金也成为重要的变现方式之一。

在互联网和移动互联网环境下，分散在各地的兴趣相投的读者，基于对平台内容的兴趣和其中包含的价值，愿意出资扶持自媒体平台，获取更多资源，实现自媒体平台的成长、发展。而在自媒体看来，众筹能让他们利用读者和粉丝的力量打造他们理想中的平台。

下面来看一个案例。图 12-11 所示为《粉丝经济学》一书，它就是通过众筹的方式出版的。

《粉丝经济学》一书的众筹发起者是五哥，他通过项目"梦想赞助商"招募了 500 人筹集资金，在这些赞助商中，出资最少的一位也投了 2000 元。即使以最低出资额计算，通过出版该书五哥就筹集了 100 万元的资金，可见利用众

筹方式助力优质内容出版也是变现的好方法。

图12-11 通过众筹方式出版的《粉丝经济学》一书

同时,在一些自媒体平台上,读者也能看到一些发起众筹的文案。图12-12所示为采用众筹方式定制茶杯的自媒体文案。

图12-12 采用众筹方式定制茶杯的自媒体文案

图12-12所示的文案是自媒体用众筹的方式,一方面向读者销售定制的茶杯,另一方面募集烧窑资金和集齐一窑产品,以便一同烧制。这样的众筹方式有着重要意义,具体如下。

- 让读者可以选择素胚刻字落款,从而获得独一无二的定制茶杯。
- 让商家可以集体烧制各个读者中意的产品,有利于节省资源。

105　经纪人模式，绝不亏本的中间商

"经纪人"这一职业由来已久，它是一种类似于中介的商人。其工作内容是介绍买家与卖家进行交易，从中获取收益的中间商人。表 12-1 所示为我国经纪人这一职业的发展脉络。

表 12-1　我国经纪人这一职业的发展脉络

时　代	具体内容	
西汉	经纪人被称为"驵侩"	
唐代	经纪人被称为"牙人""牙郎"	
宋代	经纪人被称为"牙侩"	出现了外贸经纪人
元代	经纪人被称为"舶牙"	
明代	经纪人也被称为"牙人"，且分为官牙和私牙，同时还出现了牙行	
清代	经纪人也被称为"牙人"，然而在对外贸易中，经纪人被称为"外洋行"，后期还出现了专门的对外贸易的经纪人"买办"（也称"康白度"，源自葡萄牙语 comprador）	
民国	第一次出现了债券经纪人，这是经营股票和债券买卖出现的结果	
1949—1957 年	对经纪人采取限制、取缔政策，规定只能在指定场所经营，设置信托、经纪机构	
1958 年	取缔经纪人	
1980 年后	经纪活动虽然开始复苏，但经纪人活动仍然是一种不公开的"地下"居间活动	
1985 年后	经纪人由"地下"转为地上，可以用公开、合法的身份从事经纪活动	
1992 年以来	经纪人处在逐步发展阶段，经纪活动也逐步走上了正轨	

从表 12-1 中可以看出，经纪活动自从两千年前的西汉出现以来就一直存在着。在自媒体时代，这一盈利模式是同样存在的。特别是那些有着巨大影响力的自媒体，他们不仅在行业方面已经非常专业，还积累了很多的人脉资源。在这样的情况下，自媒体完全可以把自己当作人脉的中转站，从事某一行业或多个行业的经纪活动，做行业名人的经纪人。

例如，某一行业的上游企业和下游商家，他们互相不认识，但是他们的业务

是有关联性的,而上游企业想要拓展业务,销售更多的产品,或者是出产了一种新品,一时没有被市场接受,需要具有开拓性的商家帮其销售,此时自媒体就可以在上游企业和下游商家之间搭建交易桥梁,承担起双方的经纪人的角色,然后获取收益。

106 会员模式,同类中只选择你付费

通过会员模式变现,可分为两种情况,一是付费会员,二是付费群组。前者是指通过付费成为自媒体的会员,既可以成为其个人好友,也可以成为其专门为会员建立的群组中的一员。后者是指在已有群组的情况下,读者如果想要了解更多的信息和享有更多的资源,就需要付费加入群组中。

1. 付费会员

招收付费会员也是自媒体变现的方法之一,最典型的例子就是"罗辑思维"微信公众号。"罗辑思维"推出的付费会员制如下。

- 设置了 5000 个普通会员,成为这类会员的费用为 200 元 / 个。
- 设置了 500 个铁杆会员,成为这类会员的费用为 1200 元 / 个。

普通会员 200 元 / 个,而铁杆会员是 1200 元 / 个,这个看似不可思议的会员收费制度,其名额却在半天内就售罄了。

专家提醒

罗辑思维之所以能够做到这么优秀的程度,主要是罗辑思维运用了社群思维来运营微信公众平台,将一部分属性相同的人聚集在一起,就是一股强大的力量,自然而然就能推进罗辑思维这一自媒体发展了。

要注意的是,罗辑思维在初期的任务也主要是积累粉丝,他们通过各种各样的方式来吸引用户,如写作、开演讲、录视频和做播音等。

等粉丝达到了一定的量之后,罗辑思维便推出了招收收费会员制度,对于罗辑思维来说,招收会员其实是为了设置更高的门槛,留下高忠诚度的粉丝,形成纯度更高、效率更高的有效互动圈,最终更好地获利变现。

如图 12-13 所示,为"胡华成"头条号的会员收费模式,包括"胡华成朋友圈"和"私孵成长营"两个圈子。其中,"胡华成朋友圈"主要用于帮助用户解答有意义的问题和推广有内涵的文章,只要 9.9 元即可加入,购买后一年内有效,如图 12-14 所示。

"私孵成长营"主要用于帮助会员用户做好职业规划,私孵技能,实现个人价值和收入的增长,如图 12-15 所示。"私孵成长营"圈子的加入价格为 365 元,加入后永久有效。

图12-13 "胡华成"头条号的圈子

图12-14 胡华成朋友圈

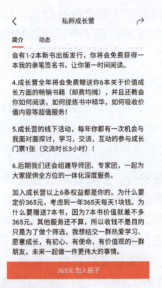

图12-15 "私孵成长营"圈子

2. 付费群组

在付费会员之外，还有一种与之相似的变现模式，那就是付费群组模式。所谓"群组"，就意味着一群人的聚合，而有人，也就代表它有了流量和资源。如果这个群组还进行了一些有价值、很实用的服务，那么，其吸引的用户和流量就是一笔相当可观的潜在的资源。

基于这一点，有些平台就推出了"付费群组"功能和出现了一些需要付费才能加入的群组。例如，腾讯就在 QQ 平台上推出了"入群付费"功能。

在 QQ 群"入群付费"功能中，其入群需付费数额一般由群主决定，一般为一至二十元不等。当然，通过这种方式入群的群组人员，其权限也相对加大——只要支付完入群费用就可直接入群，无须再通过群主或管理员审核。

对"入群付费"的变现方式，自媒体需要有一定的基础，首先需要该群有一定的等级，如开通 QQ 群"入群付费"功能，就对群等级、群信用星级和群主等级进行了规定，如图 12-16 所示。

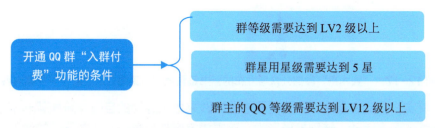

图 12-16　开通 QQ 群"入群付费"功能的条件

更重要的是，该群必须有一个精准的目标用户群体，并能为他们提供有价值的内容或服务。这样，用户才会愿意付费入群。也只有这样，才能打造出一个能快速变现的付费群组，最终实现获利。

107　线下收入，面对面的聚众变现

除了多种线上收入（如流量主广告、品牌广告和代理运营等）外，自媒体还可以在线下通过各种方式变现。特别是那些有线下店铺或线下产品的自媒体，完全可以通过线上引流、扩大知名度来促进线下收入增长。

例如，创建"独木舟"这一微信公众号的葛婉仪，在其新书产品的支撑下，她就通过线下新书签售暨读者见面会活动来实现变现。图 12-17 所示为"独木舟"微信公众号发布的新书签售暨读者见面会活动的相关文案内容。

除了线下营销活动外，还有线下授课、线下聚会等方式可以帮助自媒体变现。接下来为读者详细介绍线下聚会的自媒体变现模式。

对于拥有一定数量的粉丝，同时是本地类的自媒体账号而言，可以通过线下聚会的形式进行盈利，具体做法如图 12-18 所示。

这就是最基础的社群运营模式，进行线下自营模式的自媒体账号最好能够满足如图 12-19 所示的几点要求。

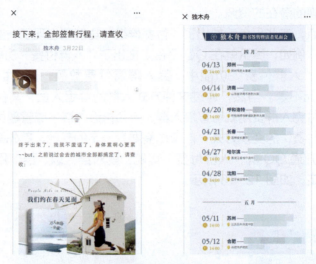

图12-17 "独木舟"微信公众号发布的新书签售暨读者见面会活动的相关文案内容

其实,在笔者看来,一些需要通过实践来增长经验的自媒体账号就非常适合开展线下聚会活动,特别是摄影类、读书类自媒体账号——这些账号的读者可以在线下聚会进行实践拍摄、读书交流等活动。一个自媒体账号的主体是位于某一城市的,因此可以选择先在账号主体所在地进行线下聚会,积累经验,然后推广到其他读者较多的城市。

当然,还有一些专门针对本地生活中吃喝玩乐的自媒体账号,让生活在当地的人可以在第一时间了解到哪里有好吃好玩的,也是适合开展线下聚会活动的,"吃喝玩乐在长沙"微信公众号就是其中之一。

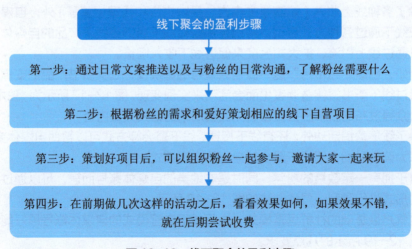

图12-18 线下聚会的盈利步骤

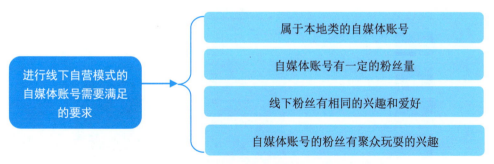

图12-19　进行线下自营模式的自媒体账号需要满足的要求

108　跨界合作，让收益成倍增长

对自媒体来说，虽然内容是重中之重，如果自媒体只懂得如何打造内容，却不知道如何去快速变现，那么是非常可惜的。关于自媒体变现，除了上面章节中介绍的一些方法和技巧外，还有一种值得自媒体探究的变现方式，那就是跨界合作。

在笔者看来，自媒体可以着手实施的跨界合作有多种形式，如与其他自媒体合作、与品牌合作、与明星合作、跨行业合作等，下面将主要介绍与其他自媒体合作和与品牌合作两种方式。

1. 与其他自媒体合作

同样作为自媒体，有很多相似的经验和感悟，也应该有很多可以变现的机会，特别是当两个或多个自媒体合作的时候，就可能使得变现的机会成倍增加。这是合作共赢最本质的反映。

特别是当某一自媒体还处在初创期时，更应该寻找其他自媒体合作，这样一方面可以让处于初创期的自媒体成长，还可以让与之合作的自媒体向多方面发展，让其读者可以看到更丰富的内容。当然，变现也是合作双方的共同目标和合作结果。

例如，"手机摄影构图大全"微信公众号和"玩转手机摄影"微信公众号，它们作为手机摄影领域的自媒体，就积极展开了合作。说起双方的合作，还得从"手机摄影构图大全"微信公众号开始创建时说起。

处于初创期的"手机摄影构图大全"微信公众号粉丝不多，但其内容的切入点和内容还是深受已关注的读者的好评的。在这样的情况下，"玩转手机摄影"微信公众号就想与"手机摄影构图大全"微信公众号达成合作，邀请"手机摄影构图大全"微信公众号的创建者构图君在千聊平台上直播课程。图12-20所示为"手机摄影构图大全"和"玩转手机摄影"合作的相关页面展示。

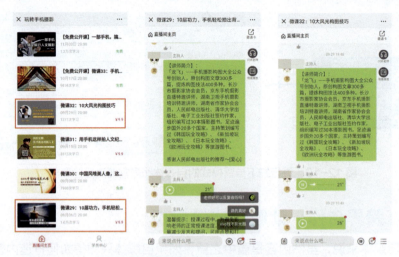

图 12-20 "手机摄影构图大全"微信公众号和"玩转手机摄影"微信公众号合作的相关页面展示

双方主要采用了两种合作方式，一种是按照课程收入分成，另一种是付一定金额的报酬邀请龙飞老师讲课。然而无论是哪一种合作方式，都能为双方自媒体实现变现贡献一份力。

2. 与品牌合作

自媒体除了可以基于平台与其提供的品牌合作外，还可以自己寻找品牌进行合作。特别是一些流量大的自媒体，完全可以找一些大品牌，帮助它们推广产品，树立品牌形象，其中可以变现的空间非常大。例如，"凯叔讲故事"自媒体，就与百年品牌同仁堂合作，联合推出安全、"0 添加"的食补良方，如图 12-21 所示。

图 12-21 "凯叔讲故事"与百年品牌同仁堂合作推出食补良方